居酒屋プレゼンしたら夢が叶った件

石田幸広

みらい PUBLISHING

はじめに

夢のはじまりは「居酒屋プレゼン」

「居酒屋プレゼン」は僕が作った造語だ。居酒屋でワイワイしながら夢や希望を語ることが、実はすでに「プレゼン」なんだという意味で付けた。僕の場合、ワクワクしながらお話しするシチュエーションはたいてい居酒屋だった。もちろんざっくばらんに話ができる環境なら、カフェでも家でもどこでもかまわない。気づけば、僕の周りで叶った夢は全部、「居酒屋プレゼン」がスタートだった。

この本は、そんな風に語った夢を、実現する方法を書いている。

居酒屋で飲みながら話している内容って、まず愚痴。面白くないだとか、現状を変えたいとか、満足していないことを発散する場なわけだ。だけど実は、愚痴の陰に隠れて、やりたいことだって語っている。「ストレス発散できてよかったね！」って解散して終わりにするから、やりたいことは夢のまま、日常に埋もれてしまうのだ。「そんなの叶えたらええやん」と思った。だって僕がそうだったから。

僕を変えたつまらないプレゼン

僕は、臨床工学技士＊という国家資格を取得し、医療機関で働いていた。そうして17年、今では臨床現場を離れ、なぜか会社を経営しながら、縁あって町工場の取締役をやっている。

僕がやりたいことを見つけたのは、臨床工学技士として病院で働いて

＊人工呼吸器など医療機器を医師の指示の下で操作、保守点検管理をする職種

いる時だった。医療業界では、学会発表や院内外の勉強会で、さまざまなプレゼンテーションを聞く機会がかなりある。文字で埋め尽くされたスライドをただ音読する先生と、それを聞きながらスライドの文字を追う聴講者。僕らにとって当たり前の光景だった。

その時間が究極に面白くなかったのは言うまでもない。あまりにもつまらないので居眠りをしたり、スマホで遊んだり、不真面目な医療従事者代表だったと思う。けれどそれは僕一人ではなかったのだ。

このつまらない時間を「変えよう！」と立ち上がった有志で、プレゼンテーションを学ぶ場を作り、のめり込んだ。技士として働きながら、独自でプレゼンテーションセミナーを開講。開催数は120回を超え、気づけば累計1500人以上が受講してくれた。

ところが、その最中に「人生100年時代」というワードを知る。60歳で仕事のゴールを迎えるはずが、さらにもう20年働かなければならないという。しかし、ちょうどその頃、心臓の病気を患ったこともあり、体力のいる臨床工学技士を80歳まで続けるのは、無理だと思った。

「現役で働き続けるにはどうすればいいだろうか?」

80歳のおじいちゃんが現場でバリバリ?!

その頃を境に長く働ける基盤を作ろうと、起業を夢見るようになった。だって僕が雇い主なら80歳のおじいちゃんを雇うか、かなり悩む。だったら雇う側になろうと思ったのだ。

実際に起業して、縁が縁を結び、町工場の取締役までさせてもらっている話は、詳しく4章に書いたので、そちらを読んでほしい。

今を変えたい、面白くしたい、と感じた瞬間、僕は行動に起こしてきたわけだが、するとこうしていくつもの肩書を持ち、収入は上がり、自分のペースで時間を使えるようになった。つまらないと居眠りをする時間はもうどこにもない。

ただよく勘違いされるのが、「石田だからできるんだ」という、まるで初めからフォースを使えたり（名作映画「スターウォーズ」参照）、ニュータイプとして覚醒したかのように（名作アニメ「機動戦士ガンダム」参照）思われることだ。

とんでもない。こう見えて、いつもアンテナを張ってニュースを検索し本を読み、情報を収集しながら必死で学んでいる。


そもそもなぜ僕がこの本を書いたのかというと、居酒屋で聞く夢はどれも魅力的で意義があると思うし、実現してほしいからだ。語って終わりにするにはもったいない！　といつも感じている。

ただ一方で、正直そのままでは実現が遠そうだとも思うことが多かった。もしそこに、僕がこれまでに経験した「その距離を縮める方法」をプラスすることができたら……？　夢を叶えるための攻略本を書いてみよう、と考えたのはそのためだ。

先人の古びたルールブックをいつまで持つ？

僕が伝えたいことは2つだ。

①やりたいと思ったことは、やった方がいい。

なぜなら単純に人生がめちゃ楽しくなるから。やってしまえばもう「やりたいんだけどねぇ」と言い続けることもないし後悔もない。

②時代の流れを知っておかなければならない。

僕たちは、学校の先生、先輩や上司、親といった先人の教えの通り生きていけば問題ないと思っている。もう無意識に刷り込まれていると言っていい。でもそれは彼らがそうやって今を生きているから、大丈夫だと錯覚しているだけだ。

時代は確実に変わっている。「60歳で定年を迎え、老後をのんびり」というロールモデルはすでに破綻しているのだ。これからさらに加速していくだろう。

先人から渡されたルールブックは通用しない。僕たちで改訂するしかないのだ。そこで僕なりに、社会の状況と問題点、これから仕事をどうとらえていけばいいか、まとめてみた。なんとなく知っていたことが、「そういうことか」と腑に落ちたり、「このままではやばいかもしれない」と気づいたりすると思う。いや、気づいてほしい。

では、現状を知ってその先、どうしたらいいのか。

僕の結論は「夢を叶えたらいい」それだけだ。

僕は「仕事」をあえて、「労働」と「やりたいこと」に分けることで夢を叶えてきた。その夢が新しいルールブックも踏まえた生きる術になると思う。

もちろん、はじめから器用にできる人は少ない。好きなこと、やりたいことだけで生きていけたら理想だけど、ある程度のステップは必要だ。最終的に理想まで持っていけばいい。僕は、そうやって少しずつこの荒波を乗り越えてきた。

この本ではそれを、順を追って丁寧に説明していこうと思う。

本書の読み方

1章・2章

仕事との向き合い方と現代社会の特徴を書いている。改めて現状把握を共有してほしい。

3章

プレゼンテーションと夢のはじまりについて書いている。プレゼンのスキルよりも本質を学び、すべてのはじまりが「コトの発端」にあることを理解してほしい。

4章・5章

実践的な夢の叶え方について、書いている。現実の行動に落とし込み、叶えたい夢を当てはめて考えてほしい。

居酒屋プレゼンは、きっと夢を叶える第一歩で且つ、新しい時代を生き残っていく攻略法になる。

楽しみながら、人生をサバイブしていこうじゃないか！

目次

はじめに

第1章 現状に満足できない本当の理由と向き合おう

第2章

時代は生き残りをかけたサバイバルゲーム

第3章

プレゼンテーションも夢も、はじまりは「コトの発端」

第4章

夢とプレゼンが結ぶ「影響力の輪」

第５章

「居酒屋プレゼン」からはじまる新たな世界

おわりに

第1章

現状に満足できない本当の理由と向き合おう

夢を叶えることと、今、目の前の仕事が面白くないことは、別の話だ。にもかかわらず、この二つをセットにしようとして、できなくて苦しむ人が多い。

まずは、一つずつ考えよう。そもそも僕たちと仕事はどういう関係なのだろうか。夢を叶える上で仕事との向き合い方について、まとめてみた。

面白くないのはなぜだ?

僕が「面白い!」と思う瞬間は、時間を忘れて打ち込めているときだ。それは忙殺されている感覚とは違う。

ゲームなんかは代表的な良い例だ。モンスターハンターというゲームが出たときなんて、寝ているとき、仕事のとき以外、ほとんどの時間を費やした。夢中になりすぎて、妻に「人間やめるか、モンハンやめるかどっちかにしなさい」と注意されたこともある。あれ? 悪い例か。

では仕事の場合、面白くない理由はどこあるのか。「時間を忘れて打ち込めるとき」の逆で、何回時計を見ても針が進んでいないときだろう。そう感じるのは、きっと誰にも褒められないこと、感謝されないことをやっているからだ。

僕の場合、まだプレゼンについて学ぶ以前、学会発表や院内外の勉強会で聞くプレゼンは死ぬほどつまらなかった。何度も壊れているのかと思うくらい、スマホの時刻は進まなかった。

「自己承認欲求」が満たされない仕事はきっと、面白くない。成果が出て当たり前の状況で成果が出たとしても、何の評価にも繋がらない。成果が出たところでそれが見えなければ誰も気づかない。「ありがとう」って言われない人間関係もしんどいだろう。

面白くないなら面白くしたらいいのだが、そんなことが可能ならもうやっていると思う。

僕の場合、仕事においては、プレゼンスライドを作っているときが最高に面白い。

集中力も桁違いに上がるし、仕上がるまで何時間でもできる。

時間を忘れるくらい打ち込めるモノゴトは、人によって異なるが、結果がわかりやすく見える場合が多い。さらに結果の先、目に見えてわかりやすい報酬設定をしているだけでも打ち込める。この感覚が面白さに変わるのだ。

つまりだ、なにはともあれ、まず時間を忘れて打ち込めているモノゴトがあるかないか、これは大きいんじゃないだろうか。


時計の時刻が進まないと感じる時間を変えようと、僕はプレゼンを学んだ。結果としてプレゼンの分野では、あちこちから頼まれてまで、講義をするようになった。つまらない時間がチャンスタイムになったのだ。

何が言いたいかというと、まず「一つ」気になることを試してみればいいんじゃないか。面白くないことがあれば、「どうすれば面白くなりそうか」考えてみるのだ。その小さな思いつきが、未来を変える分岐点になるのかもしれない。だって、僕はプレゼンセミナーを運営しはじめてから、忙しくなったにもかかわらず、どんどん毎日が楽しくなった。仕事も、眠くなる勉強会も何も変わっていない。変わったのは僕だ。
「気になる」というその感覚は、実は自分にとっての得意な分野、「強み」でもある。他の人が「凄いな」と思っても、当の本人は普通だと思っているやつだ。自分では気づいていないだけで、ほとんどの人が、なにかしらの「強み」を持っているはず。例えば無意識で頑張っていることは、十分「強み」だ。だから、誰かに「凄いね」と言われたコトは、「普通でしょ」と流さず、意識してみればいいと思う。きっとそれは、新しいはじまりの糸口だ。

こう書くと、じゃあそれを仕事にすればいいじゃないか、という人が出てくる。悪くはないが、僕は仕事にするには、順番があると思っている。まず、「仕事」をどうとらえたらいいかもう少し考えたい。

そもそも「仕事」をするのはなんのため？

「仕事」をするのは、お金を稼ぐため、好きな車を買うため、好きなミュージシャンのCDを買うため、昼食後のコーヒーを飲むためではないか？

僕もそう思っていた。だが、事業をはじめてから、違うと気がついた。

「資本主義」という言葉を聞いたことがあるだろう。

僕たち日本人は、資本主義社会の中に生きている（生かされている？）。なのに、きちんと「資本」という言葉を説明できる人は少ない。僕も事業をはじめるまでは、その言葉の意味をよく理解していなかった。

事業をはじめるときに、まず「資本金」を用意する。その事業を立ち上げるための元手となるお金のことだ。何かを生み出すときの元手を「資本」と言う。

その資本を持っている人たちが、「経営者」などの立場で、労働者を雇い、モノゴトを生み出し、利益を得る。これが会社だ。

だから卒業したら会社へ就職するのが大半の僕たちにとって、「資本主義社会」はあまりにも当たり前すぎるシステムなのだ。そこに何も疑いはない。このシステムの中ではどの立場でも、仕事をすることは自然なことだと思っている。それはもはや僕たち人間の本質かもしれない。

小学校で習った歴史では、人間は生きるために狩りをして、田畑を耕していた。やがて先祖たちの作り出したモノゴトが土台となり、文化が生まれた。そして皆が暮らすためのルールを作り、社会が形成された。僕たちが生きる資本主義の社会も、その延長線上に過ぎない。

仕事をすること自体に目的があるのではない。**人間として仕事をすることは、自然なことだった。それは「生きる」ということだ。**

「そもそも仕事をするのは何のため？」というタイトルだが、仕事をするのに「何のため？」と理由をつけだしたのは、いつからだろう？

働き出して数年が経つとそんなことを言い出すことが多い。**仕事をする意味を問い、理由をつけないと、やってられないのだ。**僕は、雇われの身を脱することで、そこに気がついた。

では、みんなどんな理由をつけて、自分を納得させているのだろう？

仕事は安定のため、しんどいのは当たり前、という前提を疑ってみる

仕事をするのは生きるためと思いながら、「何のため？」と理由を探すのはなぜか？それは単純に「しんどい」と感じるからだろう。

僕にも経験がある。仕事が休みの日はアルバイト、仕事が終わった後もアルバイト。そのうちアルバイト時間で事業を起こし、副業をはじめた。たくさんの時間と労力をお金のために費やした。好きな車には乗れたし、子供におもちゃを好きなだけ買い与

えることができた。美味しいものを家族で食べ、みんながゆっくり住める家も買った。しんどい思いをして稼いだお金で、自分の欲を消化し、消費した分をまたしんどい思いをして稼がなければならない。本当にしんどかったのを覚えている。

ここまでするのは何のため？

これってきっと僕らは、仕事をすることで「安定」を得ているからだ。安定した収入を得て、安定した生活を望む。安定した生活には、「不自由なく暮らせる」という表現がよく使われる。欲しいものが買える、食べたいものが食べられる、遊べる、旅行ができる……。ただ生きるためではなく、余裕のある生活を望んでいるのだ。

当たり前だが、そんな「安定」を叶えるためには、そのレベルに応じたお金がいる。前述したように本来、仕事をすることは生きるための自然なことだったはずだ。しかしより良い「安定」を求めることが、仕事をする理由となっている人が多い。そして「安定」という価値基準はどんどん高くなってしまった。そのために、よりしんどい思いをして一生懸命仕事をしなければ、それを得られなくなっていった。

こんな風に「安定」の価値基準が高くなってきたのはいつ頃からだろう。「モノが売れない時代の到来」というキャッチコピーを聞いたことがある。それはiPhoneが発売されてから10年が経った頃だ。世の中にモノが溢れかえって飽和した。モノが手に入らなくて生活に困るという状況がなくなったのだ。

少し遡ってバブル期。モノは作れば、作るほど売れていた。給料も十分にもらえていて、生活にもゆとりがあっただろう。「安定」というモノゴトの価値基準がある程度低かったに違いない。しかしバブルは弾けて、経済は不安定になった。お金がないのでモノが売れない。

そこで頭のいい日本人は、モノの品質を上げた。同じ製品なのに、機能が違うモノが出てきた。そして価格競争がはじまり、品質の良いモノが安く手に入るようになった。消費者は安いからドンドン買い換える。そしてより品質のいい製品が出てくる。

しかしそのイタチごっこは、あるところでニーズがなくなってしまう。より機能が良いモノが出ようが、より安くなろうが、今持っているもので満足するところに行きついてしまう。

我が家では、２０１７年秋に発売されたiPhone 8を２０２１年現在も普通に使っている。最新である必要はないのだ。最近では「人生１００年時代」というワードも世に出てきた。長くなると予測される人生の「安定」を得るために、より多くのお金が必要となった。皆将来が不安になった。お金は浪費できない。よりモノが売れなくなった。求めていた「安定」の価値が急に高くなったのだ。

だから自分にとって本当に必要なモノしか求めない人が多くなってきた。より良いモノを所有したいという考えがなくなってきている。必要なときだけ利用できるカーシェアなどサブスクリプションモデルが一つの例だ。

つまり僕らは、しんどい思いをして「安定」を得ようとしていた。しかし今「安定」

そのものの価値が上がり、結局、**本当に必要なモノだけを必要なときだけ手に入れるという、本来あるべき姿に戻ろうとしている**わけだ。

さあ、「仕事は安定のため、しんどいのは当たり前」、という前提はもう崩れつつあるようだ。時代は変わってきた。ではそんな時代で僕らは何を基準に仕事と向き合えばいいのだろう。

給料も仕事量も変わらない、けれど求められるものだけが変わった

◎正解のない時代

モノが売れない時代となり、溢れかえったモノを売る仕事・作る仕事に、バブル期のような給料は払えないし、払ってもらえない。モノゴトを買ってもらう工夫が、より一層求められるようになった。いわゆるブランディングというやつだ。

売れないからといって、サブスクリプションモデルでサービスや体験を価値として提供しておけば、それでいいというわけでもない。本当に必要なモノを所有してもらう方法を生み出し、経済を回さなければならない。

それには何が必要だろうか？

どうやら、以前よりも「頭」を使うことになってきたようだ。

10人いたら10通りのニーズがある。これまでであれば、S・M・L、梅・竹・松、のように、すでに決められたモノゴトの中から選んできた。提供する側も、受け取る側もそれがあたりまえだと思っていた。枠を作ればそれでよかったし、その中のものを選べば「みんなと一緒」なので安心できた。ところが、必要でなければ「選ばない」という選択肢が選ばれるようになってきた。

前述したように、モノの価値基準は下がって、次に上がって、一周回って多様化しはじめた。何を選んでも正解であり、どれを選ばなくても不正解ではない。矛盾に聞こえるようだが、つまり、「正解がない」ということだ。

これは少しやっかいだ。だって僕らは、選択肢を与えられ、その中のたった一つの正解を選んで生きるという術《すべ》を教えられてきたからだ。正解のない自由なんて与えられても、戸惑うだけなのだ。これでは、給料も仕事量も変わらないのに、求められる成果のクオリティだけが上がったと感じても不思議ではない。

ではそんな時代で、どうやって仕事を進めればいいのだろう?

◎多様化していく価値観を体感する

僕は時代に「慣れろ」と言いたい。そのためには、**誰かが決めたたった一つの正解を探すより、自分にとってのいくつもの正解を見つけるのだ。**

それには多様化する価値観にどんどん触れ、頭のスイッチをカチカチと切り替えていく必要がある。仕事の量は変わらないし、給料も変わらない。だが、密度は高くなってしまった。新たな価値観に触れる数ごとに、頭のスイッチを切り替える回数は多くなる。

携帯電話からスマホに変わったように、youtuberが現れたように、一瞬で時代の流れは変わるし、さらに新しく生まれた分野も一日ペースで細分化されていく。こうした世の中で、状況に合わせ、切り替えながら仕事をしている人が、今のところうまく乗れている。

一つのことを今まで通り、慣れたやり方で対応しながら、別にこれまでと変わらないよね、と思っている人は、少し注意しておいた方がいい。

それで問題なくやり過ごせるのは、はじまろうとしている変化の激しい時代から逃げ切れる世代だけだ。僕たちは、多様化した価値観へ対応していかなければ、取り残されることになるだろう。

例えば、僕がいた医療の現場でもそれははじまっていた。死への価値観は「死は敗北だ」という今までのものから、高齢化に伴い、多様化してきている。

患者がどのように死を迎えたいのか、人生の最期にどう在りたいのか、その時々の本人の気持ちを尊重し、受け入れはじめている。巷では、「人生会議*」という名で紹

＊ アドバンス・ケア・プランニング（Advance Care Planning）の愛称。大切にしていることや望み、どのような医療やケアを望んでいるかについて、自ら考え、信頼する人たちと話し合うこと。（厚生労働省ホームページより抜粋）https://www.mhlw.go.jp/content/10802000/000536088.pdf

介された。そのときのポスターが世間には衝撃的でやや物議をかもした。

（ちなみに僕は、延命治療のための人工呼吸器はつけて欲しくないと願う。）

つまり、これからは10人それぞれに違う対応が必要になるというわけだ。それは手間がかかるだけじゃないか。そんな風に感じるかもしれないが、逆だ。これは僕らが手にした新しい世界へのチケットだ。

そもそも多様化された価値観とは、個々の意思が社会から独立した状態だと思っている。これまでは世間の決めた単一的な価値観に合わせて、生きなければならなかった。

しかし本来、価値観とは自分にとって良いかどうかである。いつでも簡単に情報が手に入る現代で、僕らは自分が心地良いモノゴトだけを選べるようになった。そういう世界のチケットを握っている。選び取るごとに、「これが欲しかった」「これが私だ」と、自らの価値観を補強することになる。こうしてますます価値観が多様化していく。

◎多様化した世界の楽しみ方

他人と会い、会話するだけでも自分以外の価値観に触れることができる。人が集まるところに飛び込むと、人数分の価値観がある。これまで白か黒だった世界が変わり、カラフルになったとわかるだろう。その感覚を受け入れること。そうすれば自ずと、自分に求められているものが何か気づくきっかけとなるのではないか。ここで重要なのは、世間一般的に万人が求められているものではない、ということだ。もう一度言う。たった一人のあなたに求められていることに気づこう。

今や世間は「カラフルだという視点＝多様化しているという視点」で仕事をしている人は、純粋に成果が出ているだろう。そして案外、今もらっている給料にそこそこ満足しているのではないか。

なぜなら、**自分の価値観を認め、他者の価値観に触れるのは、シンプルに「楽しい」からだ**。冒頭でも書いたように、だから僕は何時間でもプレゼンのスライド作りに没頭するのだ。**楽しい**から。有志とプレゼンセミナーを立ち上げたのも**楽しい**からだった。僕の給料は変わらなかったが、（というよりむしろ忙しくなった）**楽しい**時間がそんなものを軽く超えていった。

逆に、今までの慣習、文化に執着している人ほど、「こんなに頑張っているのに、なんでこんなに給料が少ないのだ」と嘆くことが多い。これは、完全に僕の肌感覚だが、周りをみているとそう思えて仕方がない。

もし、多様化された価値観に触れ、許容し、それを活かして仕事しているのにもかかわらず、成果として認めてもらえなかったり、上司に邪魔されたりしている人がいたら、3章まで読み進めてほしい。あとほんの少しのコツでうまくいくはずだ。

だから、早くこの時代に「慣れろ」と言いたい。仕事量も給料も変わらなくても、僕たちには楽しむ術がある。そしてその楽しみはこれまでと同じ会社の机、家の中にいるだけでは見つからないんじゃないか、そう思うのだ。

労働以外でやりたいことがあったらいいよね

現代社会では、働いてお金を稼いで食べ物を手に入れる。家賃を払うか、家を買って住む。着る服も、日用品も必要だ。あるいは、すべてを自給自足でまかなうか。僕らが生きていくために、何らかの労働は必ず発生する。

先に述べたように、古くから人にとって、衣食住を叶えるために仕事をすることは、自然なことであった。しかし僕たちは、仕事に「安定」という価値を問うようになり、意味を求めた。ところが前項のように、「安定」の価値は変化し、さらに人々の価値基準は多様化していった。正直、僕らは戸惑っている。それでも「楽しむ」ことをキーワードに、先の見えない現状を打破する光を見出せそうだ。では「仕事」と「楽しむ」こと、この2つをどう両立させて考えればいいのだろう。

◎政治哲学者ハンナ・アレントが言うことには……

そこで一度、仕事についての客観的な視点を探してみた。

アメリカの政治哲学者ハンナ・アレントが表現した、広義での【仕事】を「仕事」と「労働」に分けて表現した説が、僕の考える仕事との関係に近いと思う。

アレントの説はこうだ。

仕事・・・　何らかの目的に従って手段となる行為

労働・・・　人間が生存していくために必要不可避な行為

僕たちは、「人生一度きり」と言いながら、気づけば多くの人が労働時間に縛られて、身動きが取れなくなっている。もし、「労働」とは別に天職が見つかり、その時間が生きがいになったら、どんなに素晴らしいことだろうか。そのためには、「労働」ではなくアレントの言う「仕事」をする必要がある。アレント曰く、「労働」は、最低限生きるための飯のタネだ。けれど、このただ単純に「生きる」ための行為に、「好きなこと」とか「夢」とかを結び付けようとして、うまくいかずに自信を無くしていく人が多い。

「働く＝労働」とは「生きる」ことそのもの。本来とてもシンプルなのだ。けれど、「安定」の価値基準が高まってきたあたりから、「ただ生きる」ことよりも、「より豊かに生きる」ことが標準に定められ、それ以外は幸せでないとすら思い込まされているように感じる。このことが現代人の首を絞めているのではないか。何より「楽しく」ない。

「労働」と別に自ら「仕事」を見つけること。今でいう「副業」が、この悩ましいループを抜ける一つの方法だと僕は思う。

副業で事業をはじめたころから、僕は労働に意味や価値を問わなくなっていた。なぜなら副業を通じ、多様な価値観に触れる中で、自分の意味や価値を体感できるようになったからだ。

僕は労働とは少し離れたところにやりたいことをはじめた。やがてそれは周りから求められ、「仕事」になった。

アレントはもう一つ、「活動」について述べている。

「活動」・・・人と言葉を交わし関わることで、新しい世界が生み出される行為

さらにこの「活動」が、人間としての条件であるとさえ定義している。どういうことか。人と関わる中で、相手を通じて自らの存在意義を知ることになる。そこで他者が求めるものを知り、貢献することで、新たに自分が活動できる場所が生まれる、ということではないか。

つまり「労働」に従事しながら「仕事」を見出すためには、「活動」が必要なのだ。

僕の場合であれば、今携わっているプレゼンの仕事や、町工場の役員の「仕事」は「僕がやりたいこと」だった。けれど、プレゼンがつまらないという仲間と意見を出し合い、セミナーを作り上げたときのように、その発端は、「より良くしたい」という思いからはじまっている。だから自然と人に求められ、仕事を頼まれるようになった、と振り返って思う。初めから「安定」とか「収入」を求めたわけではないのだ。

アレントが言いたかった「人間としての条件」とは、「他人の利益を優先するよう

に振る舞えるのは人間にしかできない」ということであり、僕の一連の行動は、結果としてここに当てはまったわけだ。

ということはだ、「生活のため」に人生のほとんどの時間を「労働」に使う生き方は、人間として本来の姿からは遠のいているようだ。これでは資本主義社会の奴隷になってしまう。では労働に意味は必要ないのか。

◎「労働」から見つける夢のタネ

例えば僕の場合のように、つまらないプレゼンが「コトの発端」で、新しい「仕事」が生まれたように、ただつまらない、やりがいがない、と嘆くだけでなく、「より良くする方法はないか？」と考えてみてはどうだろう。飯のタネは死ぬまで必要だ。けれど、繰り返される行動の中、身体はルーティン化しても、感覚をマヒさせることなく、夢のタネを探すくらいしてもいいのではないか。

もちろん、やりたいことは労働とは別の世界にあっていい。むしろその方が望ましい。なぜなら気持ちも時間も切り分けて行動できるからだ。だから、もし「労働」の中に、夢のタネを見つけても、それは労働時間とは別に、活動してみよう。

そのやりたいことができるようになったとき、それはまたお金を稼ぐ行為として労働になっていくかもしれない。そうなったら、また別の世界に新しくやりたいことを置いておく。

こうすれば労働以外の場所で、生きがいを無限に見出していくことができる。人として本来の姿に近づく形だと思う。

なにより、「やりたいこと」や「夢のタネ」を育てる「活動」は「楽しい」のだ！

さあどうだろう、「仕事」と「楽しむ」ことのキーワードは両立できそうじゃないか。

では両立させるため、どう「活動」していくのか、僕がとても大切だと感じたことを述べてみた。

「30歳までにアーリーリタイヤする」という目標が未達成だったわけ

やりたいことをやって、順調に生きているように見えるかもしれないけれど、実はそうでもない。大学を出て、働きはじめて間もなく、僕は突拍子もない目標を立てた。

「30歳までにアーリーリタイヤする」

若かりし頃、こんなことばっかり考えていた。当然そんな目標は達成できておりません。

この目標を立てたのは23歳のとき。父親が50歳の若さで死んだ。一人っ子の僕にとって、父親であり、兄ちゃんであり、友人だった。思っていた以上に泣けたし、父親の死を受け入れるのにかなり時間がかかった。お墓に手を合わせることができたのも最近のことだ。生きてきて最大級に悲しかった出来事に、「50歳で人って死ぬんだ」と、人生というものを捻じ曲げて理解した僕は、老後を繰り上げようと考えた。
定年60歳で寿命は80歳のつもりだったから、老後をのんびり過ごすのは20年の計算。50歳で死ぬとなると、20年のんびり過ごすためには30歳で定年を迎える設定でなければいけない。こうして「**30歳までにアーリーリタイヤする**」が目標となった。

目標にしていた計画が未達成に終わったのには、理由がある。言い訳をするわけではないが、どうすれば良いのかわからなかったのだ。

この目標を達成させるために誰かに相談したこともない。漠然と想像しただけだった。だから何も行動を起こしていない。もはや目標ではなく、ただの戯言《ざれごと》になっていた。当然、そんな目標なんて達成できるはずもない。

ここではっきりさせておきたいことがある。いろんな目標の立て方があり、いろんな考え方がある中で、本書を通して伝えたいことは、「コトの発端」が大事という話だ。
なぜやろうと考えたのか、だ。

前述の「つまらないプレゼン」の時間を「より良くしようとして」、プレゼンセミナーを作った結果、たくさんの人から求められた話のように、この「より良くしようとした」部分だ。

つまらない、眠い
頭に入らないから時間がもったいない
僕だけじゃなく、ほかにも同じ考えの人がいた

この状態のとき、「そうだねー、つまらないよなー」と、みんなで管を巻いて終わるのか、「じゃあ何とかできないかな」と動くのかが、ターニングポイントだ。同時に「コトの発端」が生まれる瞬間でもある。このときの感情を忘れないでほしい。その想いを乗せた「コトの発端」を起点に、目標を立てることができたら、その情熱は必ず誰かに届く。

若い頃の僕のようにただの戯言にならないよう、誰かに「コトの発端」を伝えることからはじめるといい。

楽しいことは誰かに話したほうがいいって知ってた？

やりたいことや、目標が見つかるとワクワクする。遠足の前日みたいな感覚。あーでもない、こーでもないと想像を膨らませ、計画しているときが一番楽しい。

ワクワクは、やりたいことを成し遂げるための、必要なエネルギーだ。行動に移せば、進みはじめる。その推進力はワクワクを溜めた分よく飛ぶ。

さらに、胸に手を当て、感じてみてほしい。その奥にぴょんぴょんと跳ね回るワクワクは、一つじゃないはず。２つか３つはあるのではないか。だって一つのワクワクで描きはじめた夢は、連続して、無限に広がるし増える。

もしそうじゃないなら、それは変な思い込みがセーブをかけている。

「夢はいくつも叶えられない！」

「まずは一つずつ順番に叶えていこう」

それは誰の言葉？　そもそもその根拠は？　誰が言ったかもわからないような、いかにも常識っぽいことは考えなくていい。やりたいこと、楽しいこと、好きなことを、一つに絞る必要なんてないのだ。順番があるとすれば、アレントの「労働」で生活できる仕事は最低限確保しておくこと。それくらいかな。

僕は同時進行で5つぐらいのタスクは常に抱えている。全てワクワクすることだけだ。いつもそれくらい抱えていると、現在進行中のものと過去に抱えていたものが、いい科学反応を起こしてくれる。しかも後になってそれがわかる。

「あのとき、Aをやっていたから、今Bができるんだ」なんてことはザラにある。

誰も未来なんて予測できないし、この先Cが現れてAと化学反応を起こすなんて想像すらできない。でもAもBもCもワクワクするからやる。後のことより、今この感情を大事にして、全て選んでしまえばいい。取捨選択なんてもってのほかだ。どのワクワクがいらないものなのかなんて、今の時点では誰にもわからないんだから。

◎居酒屋プレゼンは、ワクワク増幅装置だ。

さて、ワクワクを形にする一番簡単で、一番楽しい（と僕は思っている）のが、「居酒屋プレゼン」だ。

やりたいことを言葉にして居酒屋で飲みながら話す。やりたいことなのだから、目をキラキラさせてワクワクしながら話せる。するとどうなるか。

相手にワクワクが伝染するのだ。

伝わった感触が実感できた瞬間がたまらなく好きだ。相手に伝わったかどうかなんて、わかるのか？　なんて心配しているくらいなら、試せばいい。本気で話してみればいい。わかるから。

スピリチュアリストでも、霊能者でもないけれど、聞いてくれた相手に、僕の話が伝わって、同じ熱さでワクワクしてくれた瞬間、鳥肌が立つ。

楽しいこと、嬉しいことを話すと、相手も楽しくなり、嬉しい気持ちを共有することができるようだ。それは相手のメリットにもなっているわけだ。

相手が求めているモノ（つまり楽しい時間を共有したい、だったり、面白い話を聞いてワクワクしたい、だったり）を渡す、という意味では、それだけで十分。

逆に言うと、それ以上は不必要となる。自慢話になれば、不快な思いをさせるので、注意が必要だ。居酒屋プレゼンは、ワクワクを増幅し、量産もできる。ただし、それはキッカケにすぎず、次の夢を叶えるステップは**居酒屋を出たあとが勝負なのだ。**

手を伸ばしたか、足を踏み出したか？

少し遠くに赤く実った美味しそうなリンゴがあるとする。

「あのリンゴ食べたい！」そう思って手を伸ばしても届かない。だって遠いからね。食べたいのなら、リンゴがあるところまで行く必要がある。

そして「食べたい！」という思いが強ければ強いほど、手にしたリンゴは美味しいはずだ。

夢を叶えることも同じ。やりたいことに手を伸ばせば、何かがはじまる。それで届くのなら、それはそれでいい。もし届かないなら、届くところまで行かなければならない。

そういった初動に対して意外と腰が重い。なぜ手を伸ばしてみるだけなのに腰が重いのか。

理由はたぶんこんなあたりだろう。

①準備が必要だと思い込んでいる

夢を叶えるためには、先立つものが必要。お金、知識、情報、さまざまなモノゴトを理解し、整理してから旅立つものだと勝手に勘違いをしている。先立つものが揃わないと夢に向かって出発してはいけないと思い込んでしまって、出発に対して重い腰が上がらない。夢に向かって出発するときは手ぶらでいい。心配しなくても知らない間に何を置いていこうか迷うくらい荷物パンパンになるから。

②走り切る自信がない

皆、夢に向かって走らなければいけないと思い込んでいる。どこかで聞いた誰かの「夢に向かって走れ」なんて言葉が気になっているのかもしれない。そんなのマイペースでいい。走るなと言っているわけではない。走れるなら走ったらいい。ただ、夢にチャレンジする人それぞれの環境（主に職場環境）や背景は皆違うのだから、そこはマイペースを意識して出発すればいい。心配しなくても途中から気づかないうちに全力で走っているから。

③恥ずかしい、批判が怖い

まず言いたいのは、夢の良し悪しは、自分が決めるものだ。誰かに評価されるために叶えるものではない。

日本人は、「みんなと一緒」が大好きだ。この思考は、自分で判断ができない典型だと僕は思う。誰かが良いと言ったものが良い。誰かが悪いと言っているから悪い。誰かがバカにしたら、みんなでバカにする。

そんな風潮があるから、「もし失敗したら」が頭によぎる。逆に聞きたい。チャレンジした人の失敗を笑うの？　バカにするやつらこそ恥ずかしい存在じゃないか？　バカにされるかも、とか、マイナス面ばっかり思い浮かんで固まってしまうのだ。

まず手を伸ばして夢に触ること。

とりあえず、今の自分でできることを調べてみればいい。経済的な準備（前述の①にあるような）ではなく、行動するための一歩をどこに踏み出すか決めるためだ。すでにその夢に携わっている人に話を聞くのもいい。ダメ元でアポを取ろう。資格が必須なら試験日から逆算して学習計画を立てよう。もちろん開始日は今日だ。名乗ればいいなら、SNSで自分の名前の前に、夢の肩書を付けてアカウント開設しよう。ファースト投稿は「〇〇はじめました」でいいじゃないか。ネットで情報収集すれば、何をすればいいかなんて、すぐにわかる。

そもそも夢への出発式でテープカットなんて大々的にしなくていい。**夢へ向かってなんて、こっそり船出すればいい。**心配しなくても出発さえすれば、周りのノイズなんて、楽しくて何も聞こえなくなるから。

第2章

時代は生き残りをかけたサバイバルゲーム

居酒屋で、話して終わりにしてきた夢はないだろうか。

これからは、そのまま捨ててしまわず、拾って叶えていきたいと僕は考えている。

なぜ「夢を叶えよう」と声を大にして、伝えたいのか。

それは僕たちが当たり前だと思っていた従来の生き方では、これから先の時代を、乗り越えられないかもしれないと思ったからだ。僕たちが生きていく時代は、生き残りをかけたいわばサバイバルゲームとなる。

なぜなら、社会情勢、国の福祉体制、世の中の流れを見ても、学歴社会、終身雇用といった安定的な生き方は、遠ざかる一方だからだ。

なのに、その事実を見て見ぬ振りをしていないだろうか。このゲームは、生きる限りもれなく強制参加だ。そして夢にチャレンジすることは、この世界でサバイブするための大きな一つのアイテムだ。

ゲームを攻略していくためには、その世界のルールや状況を把握しておかなければならない。僕らが進んでいく世の中の情報くらいは、最低限知っておく必要がある。

だって、その先が海なら水着を持っていくし、山なら登山靴はいて防寒着を着ていく。向かうところがわからないままでは、出発の準備すらできない。情報はなにより大切だ。

人生100年時代ってなに？

人生100年時代とは、**「100歳以上生きてしまう時代」**のことだ。

WHO（世界保健機関）の発表によると、日本は平均寿命84・2歳で、世界1位の長寿国なんだそうだ。

素晴らしい。長寿であることは、豊かな証拠だと思う。

「死は敗北であり、怖いもの」

死から逃れるために、医療は発展し、「人生100年時代」と呼ばれるほどに、人類の寿命の延伸に貢献した。

「100歳以上生きてしまう」とは、今まででは想像もつかない人生である。そんな時代を生きていく僕たちを人生100年世代と呼ぼう。

明治時代なんて40歳ちょっとしか生きることができなかった。昭和初期でも50歳とちょっと。それが今では100歳である。

日本における平均寿命は、今に至るまでずっと右肩上がりで伸びてきた。

そんな日本は常々、寿命延伸を問題視してきたのだろうか。いつだって未来は未知であり、偉い人がその時点での未来を予測してきた。人生100年となる今現在でもそれは同じことのように思える。

ここでの**一番の問題は、100歳まで生きていくためのお金だろう。**

僕が100歳まで生きて（多分そんなにもたない気がするが）、看取ってくれるであろう息子たちは74歳と72歳。彼らは「ワンチャン（もしかして）、俺たち死んでね？」とか言いそうで笑えるが、そんな時代を想像してみよう。

図表 1-2-1　平均寿命の推移

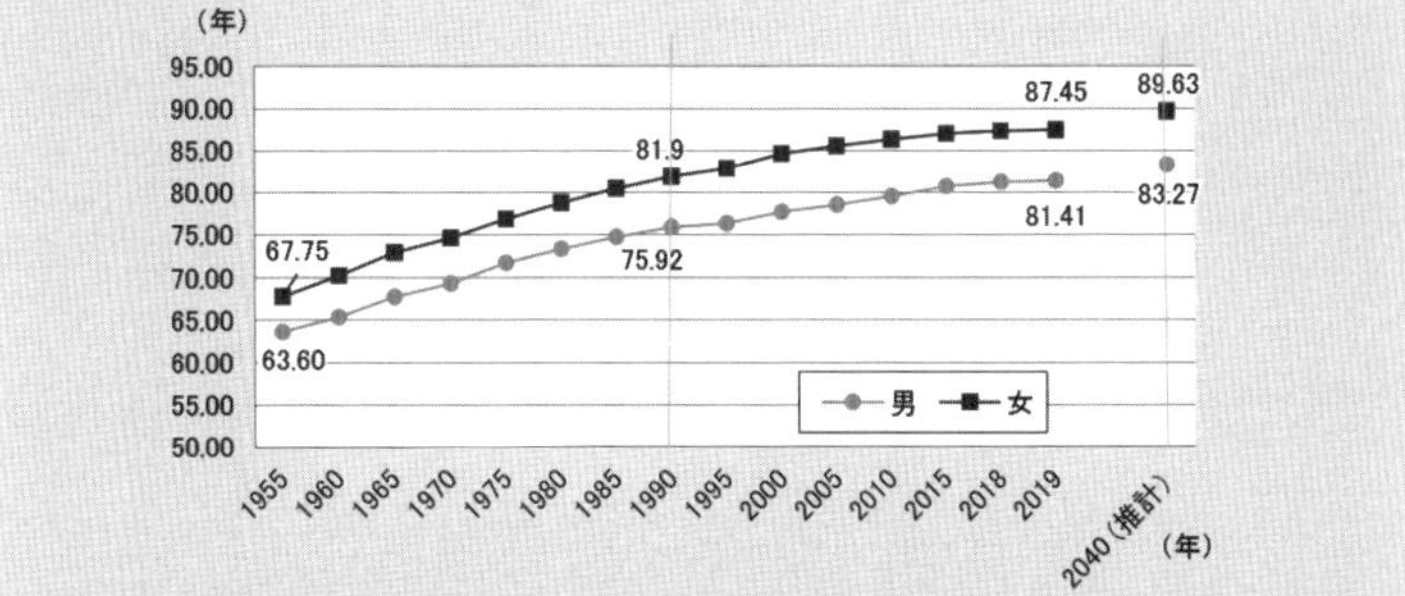

資料：2019年までは厚生労働省政策統括官付参事官付人口動態・保健社会統計室「令和元年簡易生命表」、2040年は国立社会保障・人口問題研究所「日本の将来推計人口（平成29年推計）」における出生中位・死亡中位推計。

図１

図表 1-1-1　人口の長期推移

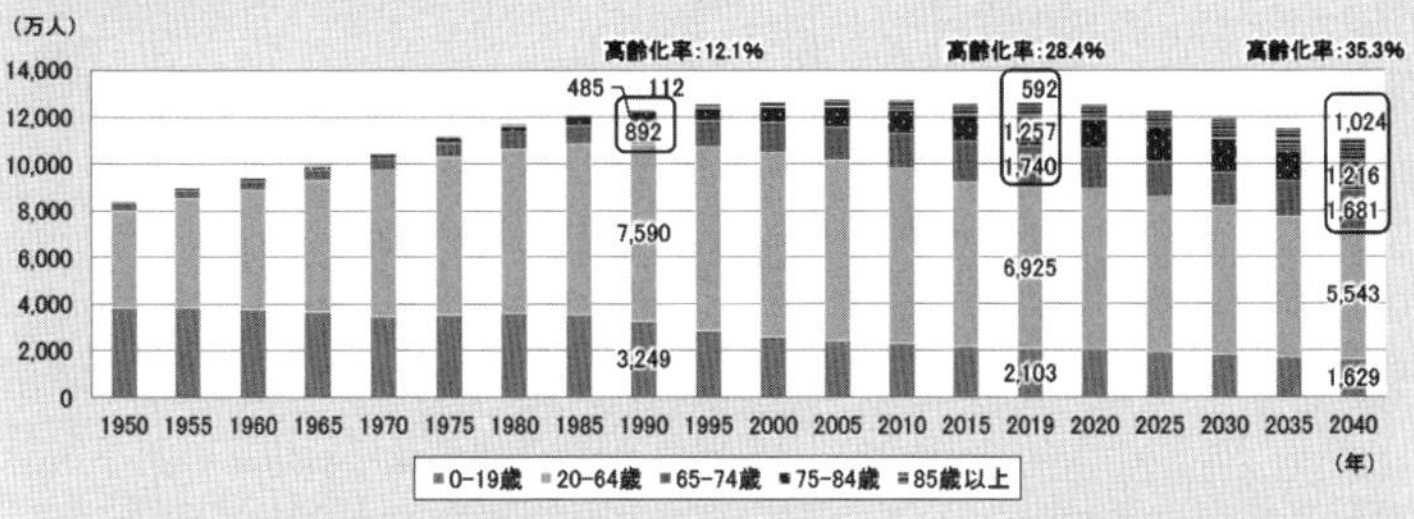

資料：2015年までは総務省統計局「国勢調査」、2019年は総務省統計局「人口推計」による10月１日確定値、2020年以降は国立社会保障・人口問題研究所「日本の将来推計人口（平成29年推計）」における出生中位・死亡中位推計。

図２

臨床工学技士の僕が、このまま60歳まで病院で働いていたとする。年収は500万円程度。日本の平均年収の430万より少し高いくらい。息子が2人。妻はパート。日本の平均貯蓄額は1300万円？　正直に言おう。そんなにない。

平均とは恐ろしいもので、実は貯蓄額100万円未満の世帯が一番多い。普通に生活していたら、まず老後に向けた貯金なんてできない。しかし金融庁が2019年に「老後に2000万必要ですよ」と言った。夫婦で老後30年生活する試算だそうだ。

僕の息子たちの世代になると、さらに平均寿命は107歳を超えるという。彼らの世代では2000万より多くのお金が必要になるだろう。では彼らはいくつまで働かなければならないのだろうか。100歳で寿命を迎える僕を看取るために集まった息子たちは、現役で働く74歳と72歳なのだろうか。

親の背中を見て育った彼らが医療従事者となって、70オーバーのおじいちゃんになってもまだ働き、病院をスタッフとしてウロウロしていたら、老老医療とか言われそうだ。

その頃には病院の概念自体が変わっているかもしれない。しかし今想像できることには限界があるだろう。

ココでは「１００年生きてしまう」時代に生きているということ、長く生きるにはお金がいるってことを受け止めておこう。

定年はあるの？　年金はあるの？　老後どうするの？

「定年60歳」という常識は少し古くなり、２０１３年に高年齢者雇用安定法が改正されてからは、希望があれば65歳まで働けるようになった。

今は、暫定的に「定年」は65歳となっているが、今後は定年制度自体が廃止される可能性もあるだろう。人々は、何歳までどの程度働くのだろう。

年金の受け取り開始を何歳にするのかが一つの目安になるだろう。

しかし２０２１年現在、老齢厚生年金は、65歳未満で働いている場合、給与と年金の月の合計が、28万円を超えると年金の支払い額が減り、65歳以降では47万円を超える場合減ってしまう。

一定の収入を超えて働くと、年金額が減るというこの謎システムは、どう考えても高年齢者雇用安定法とミスマッチしているように見える。

しかもだ、人生１００年時代なんだろ？ １００歳までこの年金をもらい続けないといけない。

それなのに、人口が減って、高齢化が進み、年金制度自体が存続するのかという疑問は、もう何年も前から取りざたされている。現時点では、年金制度はなくならないと言われているが、このままでは保険料を引き上げるか、受給額を減らす、あるいは受給開始を遅らせるかしかない。１００年時代に、いつからを老後と呼ぶのかは諸説あるだろうが、さて、安定した老後は迎えられるのだろうか。

もはや想像していたものとは違う老後を迎えようとする人生１００年世代に、自分へのエールも込めて送りたい。「老後という未来に、自分を当てはめて、ちょっと想像してみようよ」

受け継いだ「安定」の価値観って本当に大丈夫？

僕が大人になって結婚するまでの間、爺ちゃん、婆ちゃん、親父《おやじ》、母親《おかん》、僕の５人家族で住んでいた。当たり前に大人になったら同じような生活をすると思っていた。というより、それ以外の生活は想像できなかった。

両親共働きで、何不自由なく一軒家に住み、お腹いっぱいご飯が食べられる。塾やサッカーの習い事も当たり前な日常だった。「これが安定というもの」そう刷り込まれてきたと思う。

だから、おかんが勤めていたような大きな会社に入るために大学へ行き、高校は進学校に入る。中学では塾に通う。何も疑うことがなかった。

無事、進学校に入学できた僕は、親父に診療放射線技師の知人がいて、何不自由ない生活を手に入れているという話を聞く。「あ、なるほど。病院はなくならないね！」とか言って医療従事者を目指した。

収入の「安定」を求めた結果、病院勤務を進路として選択。それが憧れや夢となった。

◎親の期待と子どもの希望、その奇妙な一致

2020年、コロナ渦の中でとある会社が、子どもを持つ全国の男女500人に「子どもに将来なってほしい職業」というアンケート調査を行った。結果は2位に2倍以上の差をつけて「公務員」が1位となった。世のお父さん、お母さんの「収入に困らない仕事をしてほしい」という願いがにじみ出ている。コロナの襲撃に対応できず閉店した飲食店オーナーが、涙目でインタビューを受けるニュース番組を見ているからだろうか。親の願いを聞いてか2020年の高校生のなりたい職業ランキング1位も「地方公務員」となった。

この高校生がなりたい地方公務員について考えてみよう。

２０１９年の総務省の調査によると、地方公務員の平均年収は、６５１万円。年齢の平均は41・5歳だった。

確かにこの数字は、収入の安定を達成できていると言えるかもしれない。公務員のまま定年まで働いて、老後を年金でのんびり過ごす。そんなことを思い描きやすい職業だ。

いやいやいやいや、ちょっと待て。人生１００年時代は、それで乗り切れるのか？20年後、定年はどうなっている？　年金は？　人口減少の先にある公務員の飯のタネ（税収）はどうなる？

おそらくどの職業についても、同じ問題が出てくる。今みんなが知っている安定は、将来本当に約束されているものなのか。

世の中皆、収入の安定を求めている。もちろんそれが悪いわけではない。

しかし安定だけを求めた中に、憧れや、夢、希望は見出せているのか。それとも、そんなものは不要だと思っているのだろうか。

◎「生きる」リスク

ちなみに、病院で働くという安定と共に、医療従事者への憧れを持ち、臨床工学技士になった僕は、収入の安定を手に入れられただろうか。

答えは半分ＹＥＳで半分ＮＯだ。

以前ならば「ＹＥＳ」と答えた。半分ＮＯと答えた理由は、病院で働くことを辞めたからだ。当然、収入は下がった。安定を求めた臨床工学技士からも遠のいた。けれど副業として活動してきた「やりたいこと」が手に入った。半分ＹＥＳの理由も、副業が今や補助的な存在ではなくなり、一定の収入源になっているためだ。

このように、昭和世代から伝えられた安定の基準に添わなくても、収入は得られる。さらに言えば、公務員であれサラリーマンは生涯年収がほぼ決まっているところ、逆に上限がなくなる。もちろん、安定の幅は減るかもしれない。このリスクを多くの人は嫌がるが、よく考えてほしい。「生きる」とは「死ぬかもしれない」というリスクを、すでに背負っていることだ。「安定」ばかりを見て、「明日死ぬリスク」を忘れていないか。

時代はすでに、サバイバルゲームへ踏み入れている。そろそろ「安定」は、幻想神話になりつつあると考えておいた方がいいと思うのだ。

「前例がない」なんて言ってる暇はない

僕たちは、前例がない人生１００年時代に突入してしまっている訳だが、前例がなくても進まなければならない。時間は勝手に進むし、僕たちは歳をとる。世界からみると、一足先に高齢化社会の中で生きる、僕たち日本人が前例を作っていくことになる。

「教育→仕事→老後というありきたりな人生が崩壊する」

「老後がなくなる」

と人生１００年時代について、様々な憶測が飛び交う。僕は、老後をゆっくりする予定だった。それももう叶わないのかもしれない。

前例がないから、正解がない。正解がないのだから、死ぬまでチャレンジしなければならない。しかし、僕らの親世代は、今までの生き方や考え方を変えずとも逃げ切れてしまう。だから「前例がないから」という理由で新世代のチャレンジを却下、なんてできてしまうのだ。

「前例がないから」と思考が停止している人は、子供や孫たちの進む未来が、サバイバルだと「実感」できないでいる。あるいは、次の世代がどうなろうと知ったこっちゃないのだろう。なんて無責任な。僕たちは、これから訳のわからない時代に足を突っ込んでいくのに。

時代はものすごい速度で進んでいく。そのスピードに順応していかなければならない。

昭和に生まれた僕もたくさんの変化を目にしてきた。携帯電話はポケットに入るサイズになり、しゃべり放題になった。

インターネットの普及で答え合わせが簡単になり、スマートフォンが登場すると世界の謎が片手で解けるようになった。

公衆電話が消え、辞書が消え、ＣＤは持ち歩かなくなった。

いつでも好きな音楽、アニメ、映画、本、ゲームを楽しめる。

気を抜くと置いていかれる可能性だってある。だからこれからも変化し続けなければならない。


僕らに「前例がないからね〜」と言っている暇なんてないのだ。

先人たちが、新しい提案を却下するのは、もう言い訳にしか聞こえない。逃げ切れる世代の彼らだって、うすうすは感づいているはず。これだけ時代の流れが変化しているのに、「これまでのやり方は通用しなくなっている」なんてことくらい、気づかないわけがない。でもちゃんと実感してしまったら、何ができるか想像もつかなくて、怖いのかもしれない。だから「前例がね〜」などと、ぶつぶつ言ってくるおじさんがいても冷静に対応しよう。

僕らは変化し順応し続けるしか道はないのだから。

副業？　複業？
2足のワラジ作戦

最近よく耳にする「働き方改革」。

厚生労働省のページには「働き方改革とは、働く方々が個々の事情に応じた多様で柔軟な働き方を自分で選択できるようにするための改革」とある。

今後の日本で少子高齢化に伴って、労働人口減少が進むことを懸念しての改革である。

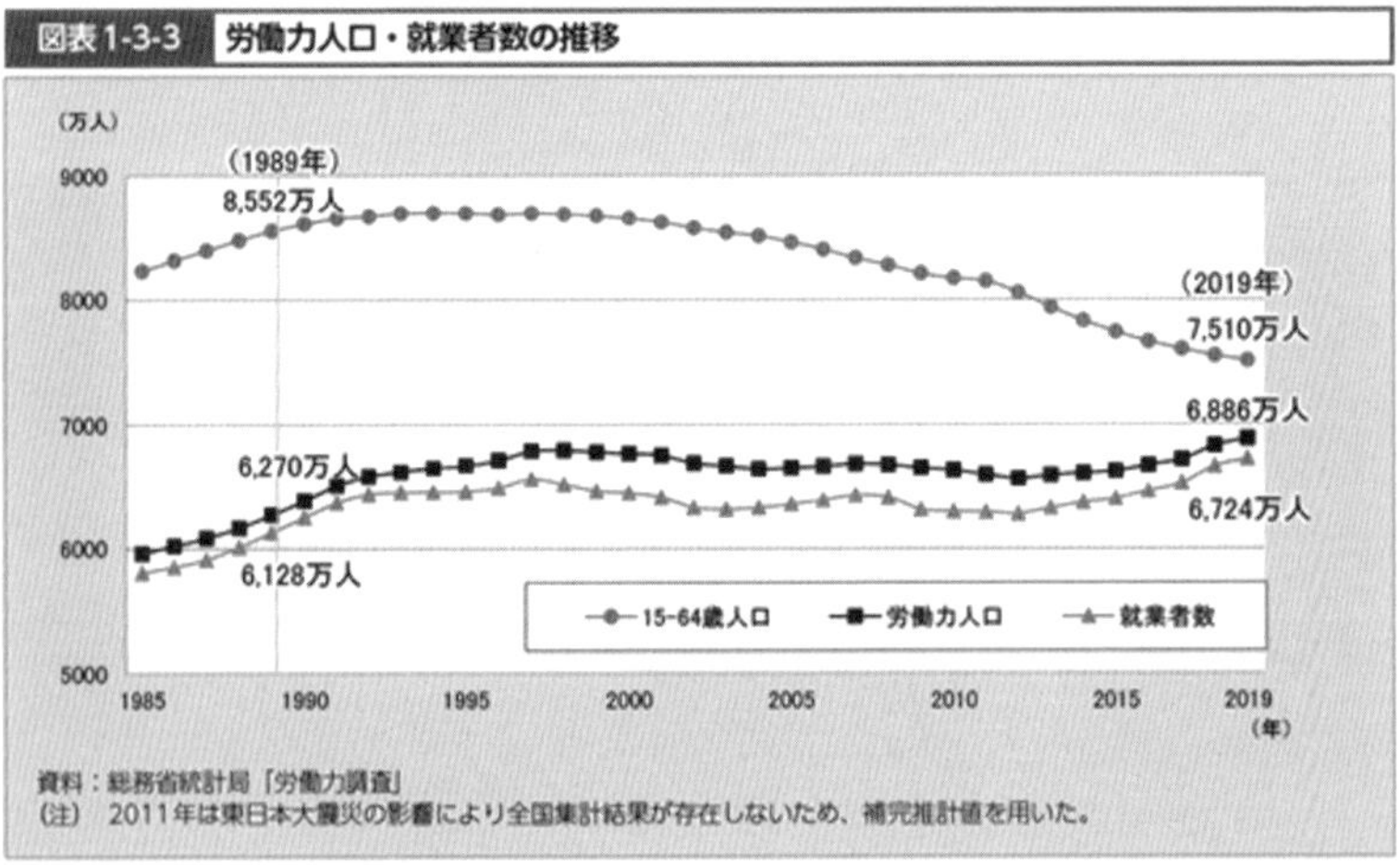

資料：総務省統計局「労働力調査」
(注)　2011年は東日本大震災の影響により全国集計結果が存在しないため、補完推計値を用いた。

図3

この改革に対応するためには、労働生産性をあげ、出生率を上げて未来に備え、今まで労働に参加していなかった人達（女性・高齢者）にも働いてもらわなければならない。労働生産性を上げようとするならば長時間労働をやめて、効率よく仕事しなければならない。出生率を上げようと思ったら、パートで働く育児中のお母さんたちがより働きやすい環境を作らなければならない。60歳で定年退職してフラフラしているなら、もっと働いてもらわないといけない。

人生１００年時代だ。つまり「働け！」と政府は言いたいのだろう。働き方改革とは、大雑把にそういうことを言っている。

となると企業は優秀な人材が欲しい。労働人口が少なくなっているのなら、少ない中から効率よく仕事で成果を出す人が単純に欲しくなる。

育児中のお母さんだって育休後のために、スキルアップできるようにしなければならない。定年後でも働けるようなスキルも必要だ。

そこで厚生労働省は、「モデル就業規則」に書いてある「許可なく他の会社等の業務に従事しないこと」を「労働者は、勤務時間外において、他の会社等の業務に従事することができる」と改訂した。政府が正式に副業を促したのだ。

一つの仕事にずっと従事していても、その企業やその仕事の価値がいつかなくなる日が来る可能性がある。

一つのことにだけに執着しているのは危険だという暗示ではないか。だから労働人口減少を伴う人生100年時代を生きる僕たちには、副業が必要だ。

副業とは副次的な収入を得るという意味で使われる。しかし今後、今従事している仕事が淘汰されるリスクを考えておくのであれば、能力の範囲を広げるための「複業」が必要なのである。

例えば、ラーメン屋さんに勤める人が、別のラーメン屋さんにアルバイトに行くのは「副業」となる。僕も過去に病院で透析室に勤務しながら、違う透析クリニックでアルバイトをしていた。これは「副業」。別の施設では多少やり方や考え方が異なり学ぶことはあるが、基本的にはやることは同じ。

ではラーメン屋さんに勤める人が、保険屋さんの営業に行くとどうだろうか。これは立派な「複業」だ。ラーメン屋さんが保険の営業をすることで、保険に詳しくなるだけにとどまらず、モノゴトの説明が上手くなるかもしれない。お客さんと会話が弾み、客足が伸びるかもしれない。はたまた、話の流れによっては、複業の保険商材が売れてしまうかもしれない。

このように業界が変われば、全く新しい知識や能力を、身につけることができるようになる。ラーメン＋保険の営業で、顧客はもちろん、これまで思いつきもしなかった企画や、コンテンツが生まれるかもしれないわけだ。

同じ業界内でも違う専門分野を複業としてもいい。僕が眼科に勤めているときは、透析クリニックへアルバイトに行っていた。医療という業界は同じだが、眼科と腎臓内科では、仕事内容は全く違う。これも複業と言えるだろう。異なる分野でいえば、こうやって本も書いている。僕は、数少ない「目に詳しい人工透析専門の臨床工学技士兼、作家」となった。

労働人口減少＋人生１００年時代を生き抜くための戦略として、２足のワラジを履く。「副業」ではなく、「複業」という考え方がポイントだ。

日本がやろうとしている働き方改革は、人生１００年世代の僕たちに「チャレンジし続けろ」というメッセージなんだと思う。公にチャレンジできる時代に突入したのだ。

チャレンジできないのは誰のせい？

副業を解禁する企業が増え、インターネットで「副業ＯＫな企業」と検索すれば、一覧で出てくる時代となった。

その一覧にない企業に勤めている人は、「それじゃ〜チャレンジしよう！」と意気込んでみるも、なかなか踏み出せない。政府にやれと言われているのに、やらせてもらえない。え？　なんで？「モデル就業規則」から「副業禁止」の一文が削除されたんじゃないの？

厚生労働省から出ている「モデル就業規則」なのに、地方公務員はほとんどの自治体で副業禁止なのである。（神戸市、生駒市は、いち早く条件付きであるものの副業を解禁している。）

それには理由があるようだ。地方公務員法第38条に書いてあった。

（1）他の仕事をすることで、肉体的や精神的に本業に集中できず、仕事に支障が出ることを防ぐため（職務専念）
（2）本業の秘密を、副業の際に利用、流出されないため（秘密保持）
（3）世間的にイメージの良くない副業につくことにより、勤務先の社会的な信用を損なわせないため（信用確保）

これは完全に「前例がないから」と生き方を変えようとしない世代によるものだ。一部の前例主義者によって。

幼稚園や保育園が足りないから子どもを預けることができない。だから対応してくれない自治体のせいにしてしまう。お母さんだってチャレンジしたいよね。

仕事と親の介護で疲弊してしまってチャレンジする体力なんて残ってない。こんなの誰のせいにしたらいいんだ。

自分を取り巻く環境が足かせとなり、将来に向かってのチャレンジができない。日本はやれというが、できないのも問題である。ではどうすればいいか。

たとえば、幼稚園や保育園が足りなくて身動きが取れないなら、事業所内保育所や企業内託児所のある企業への就職、または、それを企画することはどうだろう。

介護で疲弊してしまう問題も社会課題だ。介護離職なんてものも現に存在する。介護支援の専門家は、そんな介護をしている側の人たちにもちゃんとした支援がまわるような仕組みを考えている。つい先日もこのような事例を解決できるようなシステムの相談があったところだ。

保育所の問題も介護問題も、考えればきっとアイデアは出る。でも、対策はないかと情報収集すれば、ネットで見聞きしたことを調べるだけで行き詰まってしまう。あるいは、これしか方法がない、と思い込んでいたり、どうすればできるかわからない、どうせ自分には無理だと、一人で悩むケースが悪循環を生みはじめる。そのうち問題が大きくなって、解決できなくなってしまう。

子どものせいにも、親のせいにもできない。待っていても解決しない。きっとそんなことはわかっていたはずだと思う。けれど、もう何から手をつければいいのかわからないほど心が疲弊してしまったら、国や誰かのせいにしないではいられなくなる。だからそうなる前に、やれる環境に勇気を持って身を投じるしかない。

まず声を出そう。

国の言ってることはおいといて、できる限り利用すればいい。公的機関は聞かないと教えてくれない。何度もわかるまで自分を助けるものがないか、探そう。友人、知人にも勇気を出して相談しよう。愚痴ではない、きちんと改善方法を探していると言葉にしよう。話すことで自分でも問題を整理できるし、道が見えてくる。

この行動って、夢を叶えるステップとよく似ている。初めの一歩は「話すこと」なのだ。

この先、受動的な時代ではないことがどうやら確定している。でも大丈夫、目の前の問題をクリアしたら、自然と新しい気力がわいてくる。

だからチャレンジするためには、自分の環境を整備することからはじめよう。誰かのせいにしてブレーキをかけてはいけない。

逃げ切り型上司との付き合い方

「逃げ切り型」というのは、ここでは「人生100年時代という乱戦に巻き込まれないこと」を意味する。向上心を必要とせず、定年まで問題なく過ごせたらいい。そこで出てくる言葉が

「前例がないから却下」

というものだ。

こちらのモチベーションなんてお構いなし。「じゃー何言っても却下されて面白くないから……」と話が終わってしまい、提案する気も失せてくる。僕らは、上司やその置かれた環境のせいにする。よくある劣悪な職場環境、悪循環のはじまりだ。

しかし、**「『前例がない』なんて言ってる暇はない」**でも述べたように、スピード感を持ってチャレンジしなければならない僕らは、職場環境や上司の機嫌に付き合っている暇などないのだ。

例えば、２０２０年にはじまった新型コロナウイルスの影響で多くの会社やお店が倒産した。誰もウイルスのことなんて予想してはいなかった。それでもチャレンジを止めず、いち早く順応し、「with コロナ」で乗り越えてきた人たちも多くいる。

これだけ世の中が騒然とし、どんどん状況が変わっていっても、依然として現状、日本には「前例主義者」が多くいて、僕たちのチャレンジを阻む。

しかしそんな彼らとも上手く付き合わなければならないのも、社会だ。そこで前例主義者をポジティブな視点で分析してみる。

前例主義者は、リスク管理をしているのだ。「前例がない＝リスク」と捉え、失敗を避けようとしている。リスクを冒すなら、今まで通りする方が安全だと僕たちに注意を促してくれているのだ。

「チャレンジしたほうがいいに決まっている。結果、失敗に終わるかもしれないが、この経験はきっと組織を強くする」という思いは持っているはずだ。なぜなら僕らの上司なんだから。（と、ひとまずポジティブな視点で受け入れてみる）

それでも動けない理由があるとすれば、ただ一つ。「性格」だ。それしかない。自分にとって負の感情が判断材料になる性格だ。

このタイプは、情熱で仕掛けるしかないと思っている。昔、病院でよくあった光景なのだが、医者の出待ちをしている製薬メーカーのＭＲが、何時間も待ち続けていた。ずっと辛抱して待っていると医者の心が動き、薬の営業をやっとさせてもらえる。「古くさっ」と思いきや、情熱を持った説得の方法としては有効なのだ。

またリスクに対し、超慎重な前例主義者は、安全でなければ話を聞いてくれない傾向がある。情熱で心を揺さぶったあとは、安全と安心が不可欠だ。真っ向勝負で反論しないこと。反論は安心を脅かすからね。

あくまでも上司。無視することなんてできないのだから、心に訴えかけ、心を動かし、安心させて一緒に進もうよと誘おう。ここで必要なのが、プレゼンテーションなんだよね。

第3章

プレゼンテーションも夢も、はじまりは「コトの発端」

この章ではプレゼンテーションについて触れている。ただし、本書ではあえてプレゼンテーションの細かい技術は書かないことにした。

なぜなら、伝えたいことを伝えるためには、プレゼンスキルだけを磨けばいいという訳ではないからだ。そもそもプレゼンテーションなんてものは伝わらなくて当たり前。「せっかくプレゼンテーションを勉強したのに誰も話を聞いてくれなかったよ」なんてことはよくあることだ。プレゼンテーションの本質を理解することが大切なのだ。

この章で本当に理解してほしいのは、きっかけとなる「コトの発端」を貫くことだ。プレゼン資料を作るときも、夢に向かって進むときも、挫折しそうなときも、なぜ今この活動をしているのか、「コトの発端」を見失わないでほしい。

プレゼンスキルよりも大事なこと

プレゼンテーションのセミナーでは、今まで細かいスキルを伝えてきた。

スライドの作り方を教えるために、何千枚、何万枚も人が作ったスライドを見て、研究し、実践を重ねた。字の大きさからフォント選び、色の使い方や画像の位置を細かく伝えてきた。

スピーチの方法を教えるために、池上彰さんや明石家さんまさんのテレビ番組を文字起こしし、接続詞の使い方を考えて話すように研究した。声のトーンや姿勢、息継ぎのタイミング、間の取り方も彼らから学んで教えてきた。

ストーリーの見せ方では、「桃太郎」を題材に、子どもでもワクワクできる展開を研究した。「ＴＥＤ」を見て、いろんな人の話の構成を書き出し、共通点を見つけた。お涙頂戴パターンは無敵だ。そんなことも伝えてきた。

プレゼンテーションのスキルは、本当にとても大事で、使えると抜群の効果を発揮する。身をもって体験し、このスキルを磨いてきたからこそセミナーだってできた。しかしそんな僕のセミナーに対する価値観を一気に変える人が現れた。それは介護ヘルパーの津野さんだった。

津野さんは、利用者さんのことを一番に考えるヘルパーの鏡。何事にも一生懸命で、他の人が「ここまででいいだろう」というところでは終わらない芯の強い人だ。焼肉とビールが大好きで、熱血カーチャンって感じの人。

そんな津野さんが、人生初めてのプレゼンテーションをする場面に僕はいた。パワーポイントで初めて作ったスライドは、お世辞にもいい出来とは言えないし、言葉もスラスラ出てこない。初めてなんだから、誰だってそうなる。

でも他の人とは明らかに雰囲気が違った。

話している内容は、よくある自己紹介プレゼン。ヘルパーの話……メンターや仲間との出会い……。けれど、その一つひとつが津野さんにとって、とてもとても大切なことだと伝わってきた。なにより、

「誰もが自分の人生に誇りを持てる最期を迎えられるように、そんな介護をしていきたい」

という津野さんの一番伝えたい想いは、僕ら聞く側全員の心に完璧に伝わった。会場全員が前のめりになる。自分でも引き込まれていくのがわかる。「どうしてもコレが伝えたい、聞いてほしい」という情熱が会場を包んだ。スティーブ・ジョブズ以来、初めてプレゼンテーションに感動したのを今でも覚えている。

プレゼンテーションがやたら上手い話し手は、たくさん見てきたし、参考にもしてきた。でも津野さんのプレゼンテーションだけは真似できない。それから僕はプレゼンテーションのセミナーの内容を変えた。

プレゼンテーションの語源はプレゼント

「プレゼンテーション」と聞くと、どんな場面を想像するだろう？

社内で企画を提案したり、学会で研究を発表したり、人前でマイクを使って、情報を伝えているイメージではないだろうか。

それが成功するか否かで商談が前に進んだり、昇進が決まったり、名誉が与えられるなんてことだってある。そんな人生を賭けた一瞬が垣間見えるため、プレゼンテーションをする場の空気は重たく、固苦しい印象がある。


僕が「プレゼンテーションとは何か」を学んだのは、アップルの創設者であるスティーブ・ジョブスからだ。

シンプルなスライドと堂々とした立ち居振る舞いで、iPhoneを紹介している姿に衝撃を受けた。僕は、文字ばっかりのスライドで、暗がりの中で演台にしがみついて下を向きながら原稿を読むプレゼンテーションしか見たことがなかった。

「これくらいわかりやすい演出をすれば、学会がもっと楽しくなるに違いない！　それはきっと日本の医療や介護を凄いスピードで発展させることができる」

そう思い立ち、僕はプレゼンテーションのセミナーを、医療介護従事者向けに開講したのだ。

人にプレゼンテーションを教えるということは、プレゼンテーションをプレゼンテーションすることになる。

「このような話し方が人に伝わりやすいです」

「スライドはこのように作れば見やすいです」

と教えるには、講師である自分自身が当然上手くないといけない。つまり僕のセミナーは「絶対」に伝わらないといけないわけだ。

そんな精度の高いセミナーを目指す僕が、最終的にたどり着いたのが、**プレゼンテーションの語源は「プレゼント」**であるということだった。

プレゼントを人に贈る理由を考えてほしい。

なぜ贈るのか。相手が欲しいと望んでいたからか。もしくは相手に振り向いてほしいからか。はたまた相手への感謝の意を込めて贈るのか。

セミナー受講者は、お金と時間を使ってまでプレゼンテーションを学びに来ているのだから、当然、彼らが欲しいと望む知識や経験を贈らなければならない。

しかし、セミナー開講当初の僕のプレゼンテーションは、足を運んでくれた人たちに対して感謝の意を込めて贈る「ありがとう」のプレゼントだったと思う。

それでは足らないのだ。

なぜなら、感謝は伝わったとしてもそれは相手の求めているものではないからだ。今振り返れば、受講者が「なるほど、そうか」と理解し、実行できるレベルまでかみ砕いて解説できていたか疑問が残る。

世の中には様々なセミナーがあるが、訪れた人たちには、「学ぶ」「得る」などの目的がある。けれど、ただ伝えるだけでは、この内容が相手の頭に入っていかない。うまく届けるには「共感」というステップが必要になるのだ。納得して、受け入れ態勢をとってもらえるように、導いてあげなければいけない。開講当初の僕のセミナーもこの「共感」を意識したものではなかった。

ではどうすれば、「共感」を得るレベルにできるのか。そのためにはまず、プレゼンテーションの本質を理解しておいた方が良さそうだ。

プレゼンテーション　３つの本質

プレゼンテーションを学び、実践する上で、その本質を理解していた方が、プレゼンテーションの効率が上がる。

僕が、プレゼンテーションを何度も繰り返し、気づいたプレゼンテーションの３つの本質。この機会にぜひ、理解してほしい。

本質①：腹黒い

プレゼンテーションで伝えた先には、「共感」というステージが必須となる。「なるほどね」とか「いいね」がないということは、話をしている方はもちろん、聞いている方はもっと面白くない。

共感が発生しないと、プレゼンテーションのゴールである「じゃ〜私もそれやってみる」「僕もそれが欲しくなったから買うわ」という行動意思決定にたどり着かない。

実は、プレゼンテーションのゴールの多くが、「思惑通りに行動意思決定させること」なのだ。

なんとも腹黒い考え方だが、僕のセミナーの受講生に「何のためにプレゼンテーションセミナーに通っているのか」と聞いたら、結局ゴールはそこだった。

なんのためにプレゼンをするのか、そのために共感を得るにはどう伝えればいいのか、ゴールから考えて組み立てることだ。そのための共感であり、伝え方（テクニックや手法）なのだ。よく「完璧なプレゼン」を作ること自体が目標になってしまう残念なプレゼンを見かける。もっと腹黒くていいのだ。

プレゼンテーションの目的　伝える→　共感→　行動意思決定

本質②：自分本位

プレゼンテーションをする人は基本的に、自分の考えを人に理解してほしいという思いからはじまっている。そして賛同して、思惑通りに行動してほしいわけだ。

たとえば「プレゼンテーションを学んで勉強会を開催したい」と意気込んでいる人は、その勉強会に参加した人の「学習効果を上げたい」し、プレゼンスライドの作り方を真剣に学ぶ人は、自分の作る資料を「きれいに見せたい」のだ。なぜか？

プレゼンテーションを聞いてくれている人からの「いいね」が欲しいからだ。

主催する勉強会に参加してくれた人に成果があれば、「セミナーのおかげです！」と感謝の声もあがるし、きれいな資料を渡された人は、「見やすくてわかりやすかったです！」と喜びの感想をくれるだろう。

僕がプレゼンテーションを学んだのだって、災害対策の重要性を伝えたかったからだ。いつ来るかわからない自然災害に対して「準備してほしい」と思ったからだった。お願いされたのでなく、「僕が」みんなに、そうしてほしいと感じたことがはじまりなのだ。

実は、プレゼンテーションなんてものは自分本位なのである。でもだからダメだということではない。「伝わらなくて当たり前」という前提を持っておくことが、大事ということだ。

本質③：話すことより聞くことが重要

プレゼンテーションとは、自分本位の願望を話すのだから、真剣に聞いてもらえる確率なんて低い。

相手が求めることを話さないと聞いてもらえないのである。

「相手が求めること＝相手の得になること」だ。

そのためには、聞き手が何を求めているのか聞かないとわからない。だから話す前に何を望んでいるのか聞けばいい。

意外なことにプレゼンテーションは、まず聞くことからはじまる。たとえはじまりが自分本位だったとしても、意見を聞き、ニーズを探ることで、「相手の得」となることが見えてくる。

結局、プレゼンテーションとはコミュニケーションなのだ。

プレゼンテーションにおける３つの本質を理解できただろうか。整理すると、**相手の求めることに対する提案がプレゼンテーションとして機能する**わけだ。

しかし多くの場合、思惑通りに行動意思決定させることがゴールとなるため、真の目的は自分本位となってしまう。その本質を理解し、自分本位のみにならないように、相手が何を望んでいるのか、耳を傾けて話を聞くことからはじめないといけない。

必要なのは「余白」、相手に伝わる話し方

「プレゼンテーションなんてそもそも伝わらなくて当然」という意識でプレゼンテーションするのと、そうでないのとでは、結果に大きな差が生まれる。

プレゼンテーションの本質を理解して、相手の話をよく聞き、相手の望みに沿ったプレゼンテーションをする。それでも、伝わりにくいことがある。しかし案外、単純に話し方の問題で、ほんの少し自分が気をつけるだけで解決する場合も多い。

まず「真っ白な丸いボール」をイメージしてほしい。

このボールは「言葉」だ。言葉それ自体には、良いも悪いもない。冷たくもなく、熱くもなく、ストレスはない。言葉のキャッチボールには、こんな状態のボールが適している。

しかしこのボールの形や色は、心の状態によって、意識せずとも簡単に変化してし

まう。受け取る側の心の状態を変えることはできないが、自分が投げる場合はコントロールが可能だ。

プレゼンテーションは、この「言葉」が数珠繋ぎになってできたものである。いくら相手のことを理解できたとしても、投げたボールが真っ黒だったり、冷たかったり、棘《とげ》が生えていたら、だれだって思わず手を引っ込めてしまう。これでは当然伝わらない。ではどうすればいいか？

ほんの少しだけでいい。相手が受け取りやすいボールを投げてあげよう。

プレゼンテーションのかじ取りは、プレゼンターの方にある。受け取りやすい大きさ、傷つかない形、温かみのある色、ほんわか人肌の温度を意識してボールを作り、言葉として投げる。

相手によって、話す場によって、話す内容でも、その時々にボールを変化させて投げてあげる。もちろん初めからできなくてもいい。意識して心がけること。そうやって場数を踏むことで慣れていく。やがて聞き手の前に立っただけで、どんな言葉を投げればいいか、わかるようになる。

そのためには、「精神的なゆとり」が必要だ。

次のような状況には気をつけてほしい。

○精神的に追い込まれているとき

こうした状態のときは、適切な言葉が頭に浮かんでこないどころか、イライラした言葉で相手にもストレスを与えてしまいがちだ。

○時間に余裕がないとき

制限時間のあるプレゼンテーションも気をつけた方がいい。終了時間が迫ってきて、話さなければならないことを飛ばしてしまったり、正確に伝えることができなかったりする。

○相手のことが嫌いなとき
つい棘のある言葉を投げてしまうかもしれない。伝わらないどころか、傷つけてしまうかも。

そうはいっても、人間だもの。生きていればこうした状況もあるだろう。そんなときのために、頭や心に余白を作っておく必要がある。

例えば、連絡文書一つにしても、余白のおかげで、読みやすく、見やすくなる。少しでも多く伝えたいからと、このスペースを文字や挿絵で埋めてしまうと、逆に読みにくくなってしまう。

同様に、余白を作っておけば、その場、その人にとっての適切な言葉を選ぶ時間が生まれ、ボールを自由自在に変化させられるのだ。

おすすめは、プレゼンをはじめる前に、まず自分がどういう心理状態か考えてみるといいと思う。もし先の３つの気をつける状況にあるときは、少し深呼吸をして、落ち着こう。自覚するだけでも案外冷静になれる。少しでもいいので、ゆとりをもった状態でプレゼンテーションに挑んでほしい。

プレゼンテーションは、打った数だけ影響力がつく

多人数を相手にプレゼンテーションする場合は、その中の数人にしか伝わらないことなんてよくある。しかしそれでいい。本質を理解していたら、伝わらなく当たり前だ。共感してくれる人数を増やすなら、何度も何度も繰り返せばいい。いろんな人にプレゼンテーションし続けていくと、伝わった人数の総合計は増えていく。単純な足し算である。

この地道な取り組みが後々、大きな力となり自分に返ってくることになる。その力とは、影響力だ。プレゼンテーションに、共感をしてくれた人がいたとする。これはその人の心に響き、こちらの思惑通りに行動意思決定してもらうまで、後少しのところまできている状態。

さらに共感が進み、行動意思決定までたどり着いたとき、それはプレゼンテーショ

ンがその人に影響を及ぼした状態だ。プレゼンテーションが、聞き手を動かした。この行動がその人の人生を変えることさえもある。

プレゼンテーションにはそんな力が秘められている。この力を実感するまで実践を重ねてほしい。


プレゼンテーションを何回もしていると、前回と同じところで似たような反応があったりする。それがいい反応なら、さらに話を膨らませたり強く押したりして、より伝わる方向に持っていく。

悪い反応なら、次からそこは言わなくてもいい。こうしてコツをつかむようになる。

そうやってどんどん洗練していくと、共感の打率が高くなっていく。


プレゼンテーションは打った数だけ影響力が強くなる。違うジャンルのプレゼンテーションをすると、聞き手の属するジャンルも変わるため、業種を越境する。影響力は、あらゆる方向に広げることができる。この広がる範囲のことを「影響力の輪」

と呼んでいる。

支配者にはなれない

プレゼンテーションを繰り返し、影響力を与えたと実感することが増えると、自信がつくが、勘違いをしてしまうことも増えてくる。

共感が生まれ嬉しかった良い場面しか頭に残っていない。何度もプレゼンテーションの数をこなすのは、打率が低いからということを忘れてしまう。

一つの内容を繰り返しプレゼンテーションしているのだから、洗練していくのは当然で、その人自体が影響力のある人間というわけではない。でもそのプレゼンテーションに関しては影響力が強い。

それゆえ勘違いしてしまうのだ。

そして、置かれている環境や、自分の力量が把握できなくなり、支配者の様に振る舞ってしまう。実は、僕にもそんな経験がある。

自分の言うことが全て正しく思え、「プレゼンテーション　３つの本質」の一つ「話すことより聞くことが重要」とは、程遠くなる。

結果、共感してもらえず、賛同者はいない。周りからは嫌がられ、追い込まれる。そして自分の首を絞めることになる。僕と同じことをしている人も多く見てきた。今なら自分もこんなだったろうなと客観視できる。

そもそもプレゼンテーションの正体なんて、自分本位で腹黒い支配欲の塊なのだ。それがないとはじまらないし、「あ〜したい、こ〜したい」は、支配者の思考そのものである。

プレゼンテーションが上手くなり、影響力がついたら、そこに戻ってしまうのも頷ける。しかしそれでは伝わらないことを思い出してほしい。

え？　別に支配したいわけではない？

うん、きっとあなたにも僕にも、純粋な気持ちでモノゴトを良くしていきたい、という思いがある。

そのために僕はプレゼンテーションしている。僕がやっていた「災害対策のプレゼン」だってそうだ。

みんな、より良い世の中を望んでいるし、そのためにはどうしたらいいのか考えている。気がついたことはプレゼンテーションし、そこに共感が生まれ、新しいモノゴトが生まれる。そうやって人類は発展してきた。

ただ、それを望まない人がいることも覚えておいてほしい。

現状維持バイアスなのか、古き良き文化を重んじているのか、それが最良と感じているかもしれない。

人の価値観なんて100人いたら100通り存在する。

影響力が強いせいで、そんな価値観さえねじ曲げてしまう可能性が出てくる。その力を振りかざすことに責任が伴うのだ。

支配者でないのなら、互いの価値観を尊重できるようにコミュニケーションを取り、またプレゼンテーションしよう。

論破はダメ

プレゼンテーションを実践していると、ある一つの才能が開花する。相手の表情や呼吸を読み取り、自分のペースで会話できるようになるのだ。

コミュニケーション能力としてみれば、相手のことをよく見ている素晴らしい洞察力のように思えるが、「自分のペースで」ということがポイントである。

これが過剰になると「論破」することになってしまう。論破とは言い負かすことだ。プレゼンテーションがうまい＝口がうまいのだ。

立場や環境を弁えず、身についた影響力を振りかざし、自分本位な思考を相手に押し付けることが「できてしまう」のだ。

論破されたことあるだろうか？

頭の回転が速くないとできない芸当であるが、された方はたまったもんじゃない。

論破された後の虚脱感は凄まじい。宇宙に放り出された感じになる。

「論破」は人の尊厳を傷つけてしまうため、絶対にやってはいけない。

論破する方は、ディスカッションのなかで論理的、且つ効率的な回答を述べる。いかにも正しく聞こえ、反論の余地を与えない。そしていつの間にか、ディスカッションにすらならず、一方的に攻め落とす。

こうなってしまうといい話し合いなんてできる訳がない。

自己肯定感を高めるためだけの論破となるプレゼンテーションはしないでほしい。

ディスカッションは、いろんな価値観を重なり合わせ、新しいモノゴトを作り出すためのものだ。

プレゼンテーションを学んだ人は、くれぐれも間違った使い方をしないでほしい。

津野さん直伝「コトの発端」は夢のはじまり

僕のセミナーでは、まず「プレゼンテーションを再定義する」ことからはじめるようになった。なぜそれを伝えたいのか？　という「コトの発端」がプレゼンテーションのはじまりだと伝えている。ここに情熱と思い入れがあるから、先述の介護ヘルパーの津野さんのように、プレゼンテーションに魂が宿るのだ。

前述した言葉をボールの形や色、温度で表現したが、まさに情熱がこもっているプレゼンテーションのボールの色は赤く、温度は高めだ。受け取って「あちち。熱いな～」とそこに入れ込んだ想いが伝わるのだ。

伝えるまでの過程では、コトの発端から生まれた問題は提起され、それを解決するために「コト」に取り組んでいるはずだ。その期間というのは、果てしなく長い挑戦であったり、何回も失敗したり、挫折しそうになったりと、苦労の連続で、血と汗と涙の結晶が物語る。

あまりにも色々なことがありすぎて、かける時間が長ければ長いほど、「コトの発端」を忘れがちである。

忘れていなくても本来の目的からズレてしまうことだってある。

集うメンバーが違えば、それだけの価値観にぶつかり、あらぬ方向へ走り出すかもしれない。いざ伝えようとしたときは、もう体力を使い切ってしまっていることだってある。

でも「コトの発端」は忘れないでほしい。

プレゼンテーションしようと思ったのはなぜか。何のためか。もしくは誰かから頼まれたのか。なぜすることになったのか。その時どう思ったのか。

どんなに些細なことでもいい。もっとこうしたらいいのに、もっとこうなったらいいのにという個人的な思いが芽生えているはず。

その思いが強ければ強いほど、その次には問題提起できる。提起された問題を解決するにはどうしたらいいのか。何をしたらいいのか。考えがあるはずなんだ。

一人では解決できないならチームを作らないとね。

そのすべてのはじまりが、「コトの発端」だ。


そんな話って居酒屋で夢語っているときにしてないか？

もうそれ、僕に言わせたらプレゼンテーションだから。居酒屋じゃないとダメってことじゃない。僕の場合、仕事終わってから、友達や同僚と行く居酒屋が多かっただけ。時間、場所、シチュエーション、そんなに厳密な決まり事はない。気の許せる人と、馬鹿みたいに夢語ったことあるでしょ。

それ、叶えようよ。


簡単な夢でもいい。実際叶えられそうな夢ですら、叶えられていない現状が、僕は問題だと考えている。叶えるのが難しそうだからといって、チャレンジする気にならないことも問題だよね。


「俺、社長に成る」

いつでも成れるよ。僕だって成れたし。

「あの上司を見返したい」

やってやろうよ。月収も人脈も超えるよ。できるできる。

「革財布作って売ってみたい」

僕が買う。だからぜひ作って！

「子ども食堂やりたい」

みんなから支援してもらおうよ。クラウドファンディングやってみよう！


どんな夢でもいい。

だって居酒屋でワイワイ好き勝手言っているときって一番キラキラしていて楽しく

ない？　そんなにキラキラできる夢をなんで叶えようとしないの。

これまでの世の中の当たり前が、これからは当たり前でなくなろうとしている今がそのとき。そして今後の日本の社会情勢をきちんと理解していれば、自ずと何をしたらいいのか見えてくるはず。

これから迎える誰も経験したことがない未知の社会を、見て見ぬ振りできる期限はそろそろ過ぎようとしているよ。

「やりたいことがあるんだ」と言葉にしてみよう。

これが津野さん直伝のプレゼンテーション「コトの発端」。

愚痴と不満を書いてみよう

夢に向かう推進力のワクワクと楽しい気持ちを邪魔するものがある。

居酒屋で盛り上がったのに、次の日には職場でモヤモヤしてグズグズして、グチグチ言っている。こんな時、現実世界に引き戻されるスピードが速い。キラキラしていた夢は、どこへいったのか。でも、夢を叶える気が失せたのではなく、現実があまりにも苦しいとき何もする気力が起きないよね。

愚痴や不満は、常に消化しておいたほうがいい。夢に向かって出発するときは、重苦しい荷物は置いて、手ぶらで行きたい。職場や周りに愚痴や不満を言い回っていても状況は悪化するばかり。だって愚痴ばっかり言っている人、嫌でしょ？

それに愚痴や不満は悪口と捉えられることがある。悪口はその性質上、全て自分に返ってきて自分を苦しめる。そんな経験がある僕は、悪口を言わないようにしている。

ワクワクの邪魔になるので、少し悪口の話をしておく。

悪口＝否定というイメージで相手に伝わる。否定によって自分を肯定していると勘違いする人がいるけど、対人関係においては、ただの拒否だ。「私は、あなたを受け入れません」と宣言することになる。もうそれ以上の関係を築くことはできない。そして人の悪口を聞かされると、「自分のこともこんな風に言うてるんやろな〜」と、嫌な気持ちになってしまう。

科学的な話をすると、人は無意識下では「否定」が理解できていないため、その刃を他人に向けているつもりが、自分に深く刺さっていることとなっている。

悪口を言う→周りの評価が下がる→自尊心が傷つく→自分の評価を上げようとして他人の評価を下げるように悪口を言う→以下、ループする。

やはり愚痴・不満・悪口は、周りに言わないほうが良い。

でも消化しないとワクワクが消え、夢に向かうための推進力がなくなってしまう。

口にしないなら、書けばいい。自分だけのノートにこっそり。絶対誰にも見られたらダメ。そしたら次は書いたことをどうやったら解決できるか、数日空けて心が穏やかなときに考えて書いてみよう。そうやって消化していってください。

夢に向かって進み出したら、悪口や愚痴なんて言っている暇ないし、自分のやりたいことだから不満なんてそもそもない。ただ、せっかく居酒屋で楽しく語って、ワクワクして、キラキラしたのに、次の日またいつも通りの会社に出勤すると、目の前が色あせて見えるかもしれない。そんなときは、夢叶える気が失せる前に、ノートを使ってみてほしい。

そしたらね、だいたい大丈夫！

夢や希望がバカにされる現状を変えるには

チャレンジできないことを誰かのせいにしたり、欲求が満たされずイライラしたり、誰かをいじめたり、誰かにいじめられたり……なんだか生きづらい。

みんなの口から出る言葉、耳に入ってくる言葉は、不満と愚痴ばかり。挙句、頑張ってチャレンジすると、冷ややかな目で見られて、陰でバカにされる。本当に生きづらい。なんちゅう世の中だ。

僕はこんな世の中が嫌で、臨床工学技士として医療機関で働きながら、２０１９年に会社を作った。

会社を作るという選択は、社会的に立ち向かうという意思表示だった。

「絶対バカにしない」

僕は望む未来のため、その想いを言葉にし、実行したら、脅されたことがある。

２０１１年３月11日、東日本大震災をアルバイト先の病院のテレビで患者さんと見て震えていた。

「もし大阪で同じようなことが起こったら、ここの患者さんはどうなるのか……」

この想いは消えることなく、災害対策についてできることを真剣に考えるようになった。

2014年、災害対策の活動をしていたとき、南海トラフ大地震に備えるため、地域の医療機関での協力体制を作る必要があるという一つの結論が出た。

市役所の危機管理室に個人的にアポをとったが、話を聞くまでが彼らの仕事だったようで、全く相手にされなかった。

では地域の医療従事者に直接掛け合って自分たちで仕組みを作ってしまおう。そのための効率的な手段は勉強会を開くことだ！　と思いつき、医薬品メーカーさんの協力を仰ぎ、開催したが、ほとんど人が集まらなかった。5人くらいだったかな？　そりゃそうだ。無名の若者が開く勉強会なんか誰も興味がない。

それでも活動し続けていると、違う地域から医療者向けの災害対策の勉強会で講師をしてほしいと依頼がきた。断るわけがない。

80名に対して、僕の務める病院がある大阪の災害対策の構想を話すことができた。

しかしそもそも、自分が関わる地域の体制もまだ整えられない。

焦った僕は、保健所に紹介してもらいその地域の中心となる基幹病院を訪問した。

快く話を聞いてもらえると期待した僕は、しっかり資料を準備して臨んだのだが、待っていたのはただの絶望だった。

「死ぬ時はみんな死ぬ。やるだけ無駄。臨床工学技士みたいな末端の人間が勝手なことしないで。君、これ以上やると、この地域で働けなくなるよ」

と言われた。

悔しすぎて帰りの車の中で泣いたのをよく覚えている。ここで、挫折した。

チャレンジしている人をバカにし、鼻で笑う。挙げ句の果て、脅すなんて許せなかった。

しかしこの後、活動を陰で見守っていてくれた人が登場した。大阪府臨床工学技士会という職能団体から災害対策用の組織を作るので協力してほしいと誘っていただき、さまざまな場面で公に活動できるようになった。

夢や希望がバカにされる現状を変えるには、仲間の存在が必要不可欠だ。

チャレンジしていれば、必ず誰かが見てくれている。１００人中99人がバカにしても、必ず一人は前のめりで見てくれている。

そしてその一人は、将来、仲間になってくれる可能性が大いにある。

そんな人に思いを届けるため、プレゼンテーションを続けなければならない。

来るべきときに、チャンスをつかむため、プレゼンテーションの本質を知っておくべきなのだ。

夢を語るのはやっぱり居酒屋で

ここまで読んで、自分の夢と向き合うために、なんらかのチャレンジを思い描いてくれたら、ありがたい。その際は、膝を突き合わせて居酒屋で夢を聞かせてほしい。

奇しくも新型コロナウイルスが時代を加速させた。

何年も前から「会議のために遠くにある会議室までいくメリットある？　オンラインでよくない？」と言っていたら、ほんの数か月でそれが当たり前になった。

そんなスピード感で世の中が変わっていく。

けれど、オンライン飲み会だけは全くスマートにならなかった。不完全燃焼がつきまとう。モニター越しには伝わらない何かが存在する。

人はそもそも会話する時、目で仕草を見ながら、耳で微妙なニュアンスを感じ取りながら会話する。そうするように遺伝子に組み込まれている。

だから夢や希望を話す時は、膝を突き合わせるしかない。ワクワクしながら、目をキラキラさせながら。

仕事がリモートになっても、きっと居酒屋はなくならないと思う。夢や希望を語る場があるから、コロナにだって、人生１００年時代にだって、僕たちは立ち向かえるはずだ。

どうせ生きるなら、一度きりの人生、夢叶えようよ。だれもがチャレンジできる時代に突入したんだから。その前にまず夢をプレゼンテーションしないとね！
コトの発端は、あの日語った夢のはじまりです。

第4章

夢とプレゼンが結ぶ「影響力の輪」

第1章の「労働以外にやりたいことがあったらいいよね」で述べたような、今いる環境の枠の外に、楽しいこと、興味あるコトなどやりたいことを見つけて行動していくときの考え方を書いている。たどってきた経験の範囲は、実は影響力を与える範囲なのだ。そう考えると、自分がどう動けばいいか見えてくるはずだ。具体的に「マンダラート」を使った手法は、実際に僕が使った例も載せたので、参考にしてほしい。

「〇〇さんにお願いしたい」って頼まれたことある？

仕事を「取る」、「奪う」という表現に違和感がある。

そう感じるようになったのは、自分が所属しているチームや部署といった枠を意識しなくなった頃だ。枠から飛び出すとか、枠を外すという表現とはまた違う。ただ枠を意識しなくなったのだ。

元々、常に自分が所属する枠のもう一つ外の大きな枠までを意識する癖があった。

これは仕事をはじめた日からそうだったと思う。大きな枠の外側に立つと、宇宙から自分を見ている感覚に陥り、枠はただの線に見える。そのうち枠には壁なんてないことに気づき、線をまたぐだけなので縦横無尽に歩けるようになる。なにかの枠に所属はしているものの、個人、自分単位で仕事の成果を得られるようになった。

それまでは、仕事を取ってきたし、場合によっては奪っていた。自分の立場をチームの中で強くすることが目的だった。組織（部署、会社）の中で発言力の強い方が、自分にとって有利に話を進められたり、やりたいことができたり、予算がついたりする。だから組織の中で取れる仕事は取り、

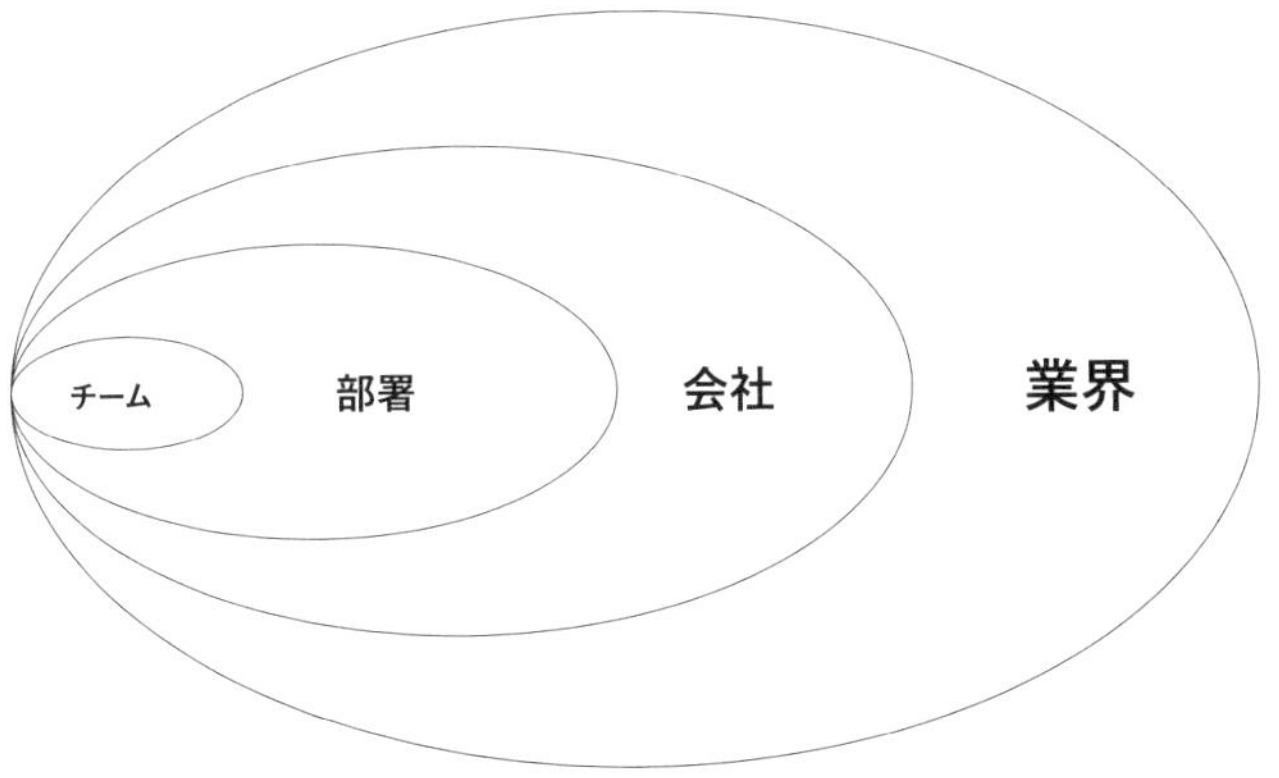

奪えるものは奪ってきた。質より量の方が、成果として見えやすく短期決戦にはもってこい。質はその後に上げていけばいい。そう考えていた。でも幸せになれたのは、おそらく僕だけだった。自己肯定感を高めるために組織を道具にしていたのかもしれない。今更だが、その時のメンバーには申し訳なく思っている。

しかし、人によってはこんな僕の姿が「仕事ができる」と見えたようだ。組織の中でどのように立ち回っていけばいいのか相談に来る人も多かった。「今のままでは組織がダメになる」「ちゃんと仕事したいのに邪魔されてできない」など、組織を良くしたいと願う若い世代だ。

相談を受けた頃の僕は、「仕事は奪うもの派」だったので、仕事の奪い方をレクチャーした。簡単に説明すると、「仕事の奪い方」＝「誰かを蹴落とす方法」だ。もしくは、「蹴落としたい奴がいる」と相談を受けると「仕事の奪い方」をレクチャーしていた。その時の僕はとてつもなく悪い顔をしていただろう。

皮肉なことに、このやり方は最短で成果が出やすい。元々は、「成果を上げたい」

という思いがある分、正義感も前に出るし、正当化もしやすい。ただ下手をすると、第3章で説明したように、悪口のループがはじまる。誰かを蹴落としたら、自分も蹴落とされないように、常に仕事を奪い続けなければならない。そしていつかは、仕事量が増えすぎてパンクする。一人でこのループにハマってパンクしているだけなら被害は最小限だが、僕みたいにチームのトップがこれをやってしまうと皆が不幸になる。成果は出やすいがお勧めはしない。

組織とは、あくまでも個の集まりだ。立場はどうであれ、自分自身も枠の中の個に過ぎない。「木を見て森を見ず」という格言に囚われて組織だけを意識して、個をないがしろにする人が多い。結果、「木を見ず、森を見る」になっている。大切なのは、チームを構成している個々の小さな個性や成果だ。

それが「〇〇さんにお願いしたい」と頼まれることに繋がる。

ここで仕事とは、「いただき物」だと気づいてほしい。

逆に考えてみよう。仕事を頼みたい時、「この人だったら……」と考えたことはないだろうか。前述したように、仕事とは、何らかの目的に従って手段となる行為である。その目的は達成しなければならない。それが自分でできない場合、叶えることができる人に頼むのだ。労働の中で与えられた仕事と分けて考えるとよりわかりやすい。

営業のお姉さんに、おじさん上司が、「これコピー取っといて」と書類の束を渡すシーンを思い浮かべてほしい。おじさん上司は自分でも目的を達成できるにもかかわらず、それを部下に投げた。これはお姉さんにとって労働の中で与えられた仕事だ。これは業務で「いただき物」ではない。

このお姉さんにしかできないこと、このお姉さんならうまくやってくれるだろうという期待値に対して託す仕事のことだ。例えば、過去にシステムエンジニアの経験があり、パソコンに詳しかったとする。データベースを構築する際に、知識がある為、そのお姉さんが選ばれ仕事を頼まれた。このお姉さんという個に対して新しい仕事が生まれた。「この人にお願いしたい」という依頼が、この先の一歩を大きく変える。

この先とは、もちろん、夢を叶えるときだ。

踏み出した分、広がった影響力の範囲

データベースを作ってほしいと頼まれた営業のお姉さんは、他の営業マンにはないものを持っている。システムエンジニアだったという過去の経歴だ。システムエンジニアと営業の経験を２つ合わせ持つことによって得た仕事だ。経験を積んだ分だけスキルは備わるし、それに応じていただける仕事の幅が広がる。

これはシステムエンジニアから新たに営業の道へ一歩を踏み出したからこその経験だ。

各領域を村にして例える。

システムエンジニア村にいた人が、営業村に引っ越すことで経験できたのは、それぞれのスキル習得だけではない。それぞれの村の住民と会話してきたことが大きな収穫なのだ。各村で住民一人ひとりの価値観に触れてきている。（ここで大切なのは、村で成果を出していることだ。でないとただ引越しした人になってしまう。）

システムエンジニア村で、成果を出し、村を出てきたからこそ、２つの村に顔が利く。これで影響力の範囲は村２つ分あるということだ。これが同じ地域内での話か、全く違う別の地域での話かでも範囲が変わってくる。

ＩＴ地域のシステムエンジニア村と、製造地域の営業村があるとする。地域が変わるだけで、

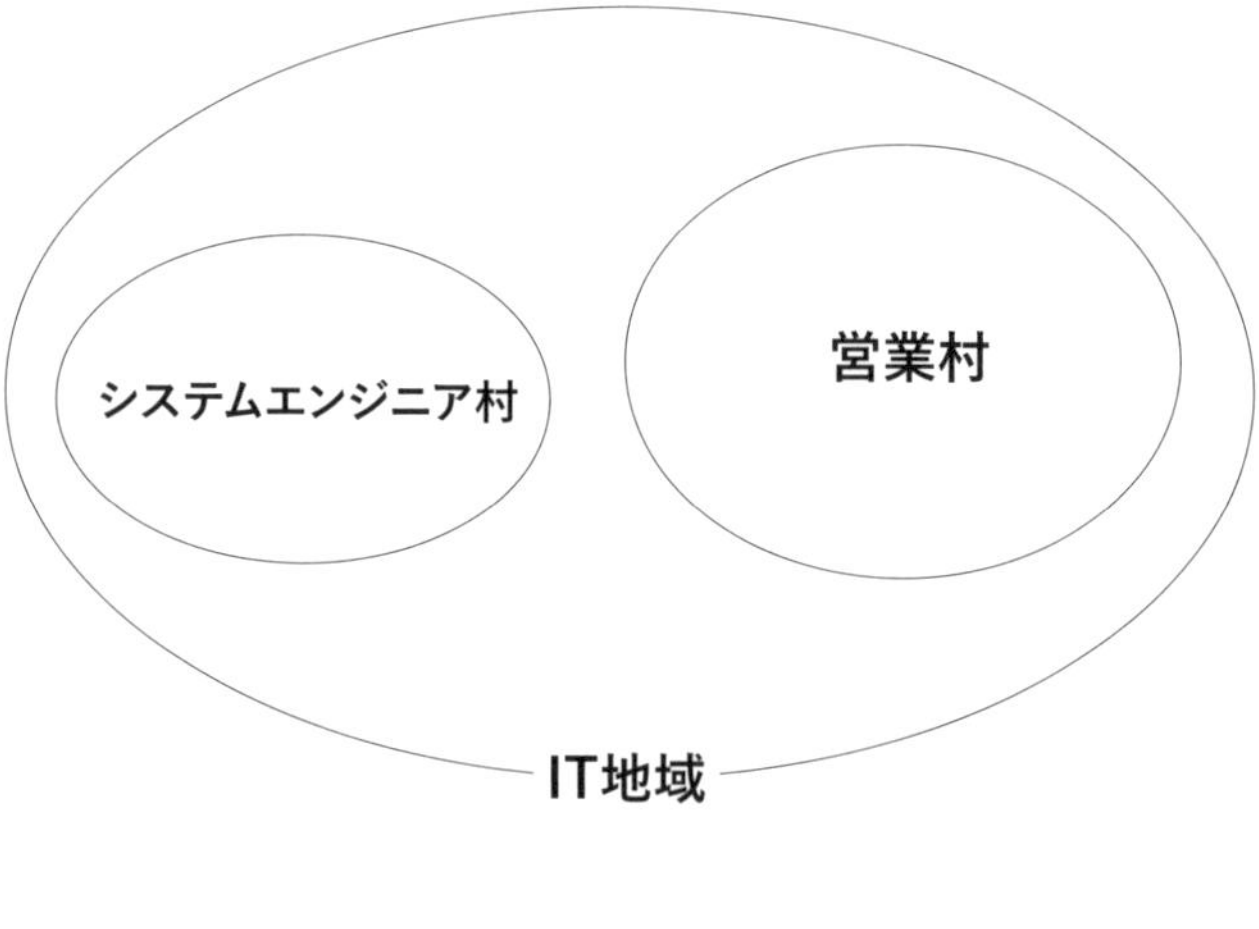

影響力の範囲が数倍に広がることがよくわかる。そして村がある地域が違うため、大きく異なった価値観に触れることになる。そこで出会う人もまた違った文化の下で培われた価値観がある。

自分の影響力の範囲を知るために、過去に辿ってきた道を線ではなく、輪で括って表現すると分かりやすい。本書ではこの範囲のことを「影響力の輪」と呼ぶ。

僕たちは躊躇《ちゅうちょ》せずに影響力の輪を広げる行為を、淡々と進めなければならない。第2章でも書いたが、企業は労働人口が減少していく中、効率よく成果を出す優秀な人材が欲しい。成果

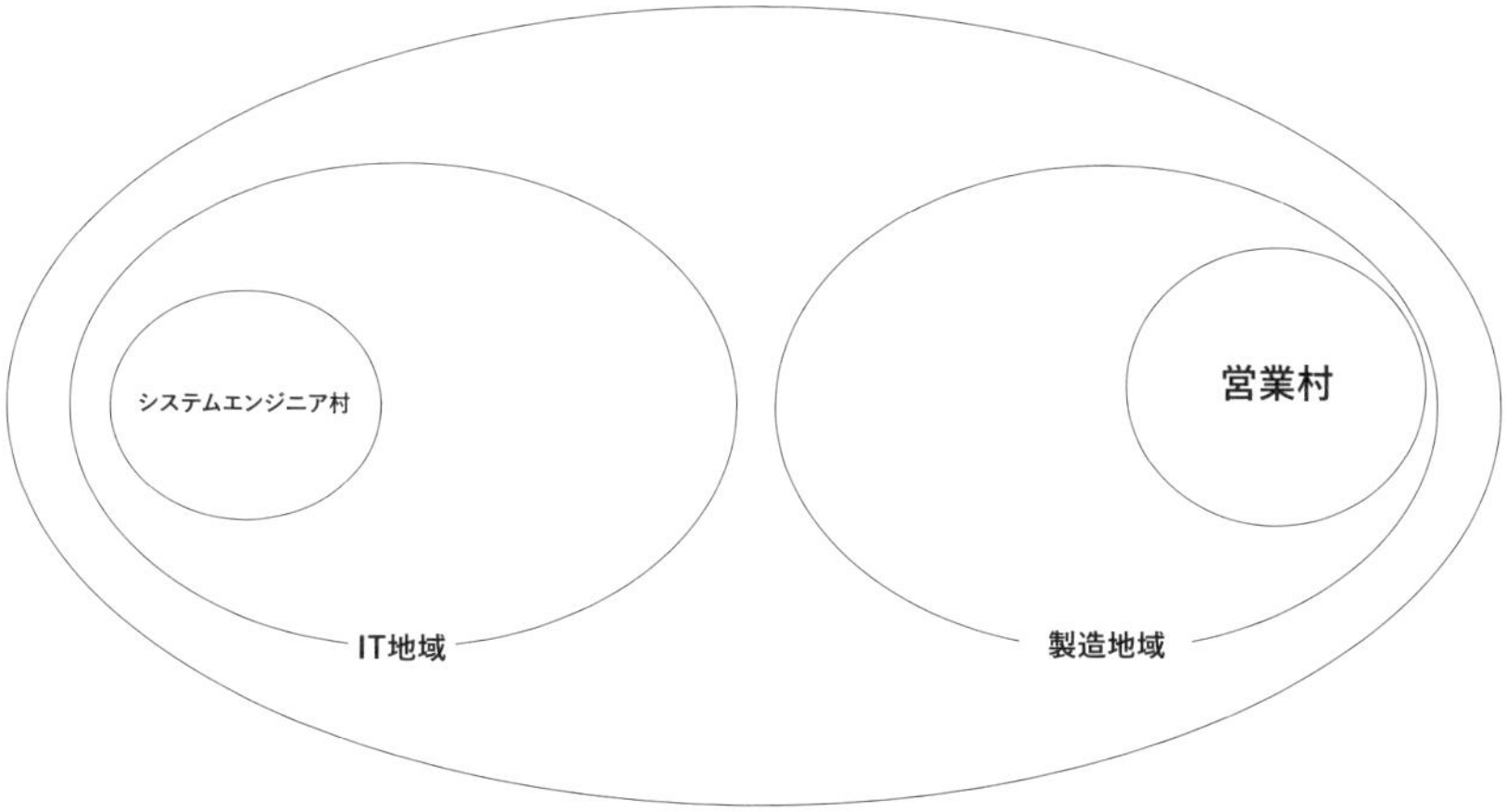

が出せる人は、総じて多様な価値観に触れてきている、影響力の輪が広い人だ。

夢を叶えるための基盤作りはかなり重要だと感じる。「こんなことをやってみたい」「あんなことをやってみたい」と居酒屋プレゼンした後で、夢を叶えるために歩む道に障害があるなら、予め取り除いておいた方が良いに決まっている。その障害とは、「労働」で成果が出ていないことだ。労働に必要以上の意味を求めなくても良いが、成果が出ていないと、労働にすらならない可能性だってある「お前、仕事できないからクビね」って言われてしまったら、夢を追うどころではない。生活ができなくなってしまう。居酒屋プレゼンからはじまった夢を叶えるロードマップは、「労働」に支えられているのだ。


影響力の輪の広がりは、そのまま労働の成果に直結する。

また夢を叶えるために発したプレゼンテーションは、影響力の輪の中でのみ生きる。なぜならば、そこまでしか自分の声は届かないからだ。だから、ドンドン影響力の輪を広げて、夢を叶える可能性を高めていかなければならない。

このように考えると、影響力の輪から見た、夢と労働は、相関関係にあるのがよくわかる。

「影響力の輪」の外に在るものが選択肢を広げる

ここで「影響力」についておさらいしておきたい。第3章の「プレゼンテーションは、打った数だけ影響力がつく」をもう一度思い出してほしい。**そもそも「影響力」は、プレゼンテーションをすることでついていく力のことだ。**

営業村にいたシステムエンジニアの話だって、システムエンジニアであった過去を誰かに伝えていないと、仕事を頼まれることはなかった。

「こんなことをやってきたよ」

「こんなことができるよ」

自分を中心としたプレゼンテーションは、影響力の輪を広げてくれる。影響力の輪は、言い換えるならば、自分のことを認知してもらっている範囲のことだ。だからただ枠の中を動き回っているだけでは、影響力なんてつかないし、業種を変えて、スキルを増やしたところで、そのことが誰かに伝わっていなかったら仕事はいただけない。

プレゼンテーションで最も重要なのは、「コトの発端」だ。適当に渡り歩いてきたのではない、**しっかり目的を持って学んできたのであれば、その想いは伝わる。コトの発端がはっきりしている場合、そのスキルには、信頼が生まれる。**居酒屋プレゼンの「あれやりたい」「これやりたい」もコトの発端をしっかり伝えることができたなら、それは影響力の輪を広げる一歩となる。

そのため、影響力の輪の中に入っていないモノゴト（仕事）は、絶対に頼まれない。だって関係ないから。僕に医療機器の点検の話は来ても、宇宙ステーションの点検の仕事は来ない。誰も頼まないし、依頼主は、僕の存在すら知らない。そんなものだ。逆に、いただける仕事は、全て自分の影響力の輪の中のものだ。非常にわかりやすい。

つまり、影響力の輪を広げたら広げた分だけ仕事をいただける。

しかも自分の好きな方向に広げることができるのだ。嫌な仕事はしなくて済む。この感覚を身につけていると、何かしようとするとき、何かしたいことがあるとき、どの方向に輪を広げておけばいいのかわかるようになってくる。小さなことだが、話をする人を増やすだけでも輪は広がるんだよ。

自分の影響力の輪を把握しよう。今まで、どこに所属し、何に取り組んできたか。一つずつ丁寧に描いて見返してみよう。職務経歴書を書く要領で、まず小さな輪を描く。小さな輪と輪が交わるような新しい仕事をしたら、それらをまた輪で囲む。そうやって、自分の影響力の輪がどこまで広がってきているのか見ておこう。まだ出発点から輪が広がっていない人もいると思う。大丈夫。これから広げていけばいい。

輪の広げ方だが、今ある影響力の輪の少し外にありそうなモノゴトに手を出すのだ。本を読んでみるでもいい。勇気を出して実際にやってみるでもいい。

もしくは、今ある輪とは全くかけ離れた新しいことはじめて、新しい輪を作りはじめるのもアリだ。

今ある影響力の輪の外に在ることをはじめることでしか広げることはできない。そして全て自分の意思にかかっている。全てのモノゴトにおいて影響力の輪の中でしか、実力は発揮できないのだから、当然叶えたい夢も影響力の輪の中に入っていなくては何も起きないのだ。だから、輪の外に在るものにドンドン手を出して、輪の中に入れておかなければならない。それらが多ければ多いほど、選択肢になるのだ。一つしか選べない夢より、たくさんの選択肢から夢を選ぶ方が楽しい。一つだけしか選んではいけないルールなんてないのだから。10個選択肢があったら10個選択してもいいと思っている。

臨床工学技士が町工場の取締役になった

影響力の輪を広げていくと、思ってもみない道が開けたりする。本書を執筆している最中に、僕は、明治42年創業の歴史ある圧力計器メーカー、株式会社木幡計器製作所の取締役に就任した。

医療の道を志して、専門の大学に進み、臨床工学技士となった。社会人1年生から医療現場で17年働いていた僕が、町工場の取締役になった。冷静に考えてみると、この転身は非常に面白い。しかもこれはただの転職ではなく、3年前に設計した夢を叶える一歩になっていることが重要なのだ。17年の間に何があったのか、どのような影響力の輪が存在したのか振り返ってみる。

２００４年、臨床工学科を卒業し、無事に国家試験を合格した。透析クリニックに新卒で入職し、社会人となって初めて、透析医療という一つの輪ができる。

２０１４年、透析がある他の病院に転職。病院という環境から災害対策への意識が高まり活動をはじめる。それをきっかけに初めて業界向けに基調講演の講師を務めた。ここでプレゼンテーションと出会う。自身を含め、医療業界におけるプレゼンテーション能力の低さを実感し、なんとかしなければという使命感から医療介護従事者向けのプレゼンテーションセミナーを開講した。ここでセミナー屋の輪ができる。

２０１６年、再度、透析クリニックに転職。ここではマネジメント職につく。副業でセミナー屋をやりながら、人前で話をすることが当たり前の日々が続き、業界内外でたくさんの講演を重ねた。

２０１７年、職能団体から送られてきた一枚のチラシに目が止まる。「医療機器開発のためのニーズ募集」だった。遊び半分で書いて応募したものが、たまたま優秀賞を取った。ここで一気に医療機器開発への興味が湧く。医療機器開発という輪が生まれた瞬間だ。

２０１８年、医療機器開発のニーズを発表する場を見つけて、得意のプレゼンテーションで臨んだ。ここで数社の企業から声をかけられる。その内の一社が、現在取締役となった株式会社木幡計器製作所を紹介してくれたのだ。それは木幡計器製作所が、町工場として医療機器を初めて上市するというタイミング。しかも勤めている透析クリニックのすぐ近所。これは連携するしかないと思った僕は、医工連携＊という分野を勉強しはじめた。いつかは、医療機器を開発したいという夢を抱く。この頃から木幡計器製作所の研究員としてお世話になり、ものづくり企業の方々と交流を深めることになり、新しい輪ができた。

２０１９年、透析クリニックに勤めながらも、プレゼンテーションセミナーや医工連携関連での増益がきっかけで起業。雑収入となっていた臨床以外の仕事は、全て会社で請け負った。起業で輪ができる。

２０２１年、透析クリニックを退職し、起業した会社に舵を切ろうとしたタイミングで、株式会社木幡計器製作所の取締役に誘っていただき今に至る。町工場の取締役という輪ができた。

＊　医療に関わる新技術開発および、新事業創出を、教育や研究機関、民間企業の医療関係者と、工学関係者が連携すること

職務経歴書を書いた気分だ。広がり、交わり、僕の影響力の輪を形成する数個の大枠の輪。どれも欠かすことはできない。透析医療に飛び込んだ新卒生は、輪を作り、広げながら、起業し、さらには町工場の取締役になったのだ。

依頼された仕事は断らない

影響力の輪の内側に存在する仕事しか依頼されない。僕に、北朝鮮のミサイルをなんとかする依頼は来ないのだ（ここに書くことでもしかしたら……!?）。だから、依頼された仕事はできるだけ受けるようにしている。

依頼された仕事の分だけ、輪が広がる可能性がある。そこには「人」が存在するからだ。多様化する価値観に、出会った人の数だけ触れることができる。自分とは違う新しい価値観には、人と出会うことでしか触れられない。この「新しい」が輪を広げるきっかけとなる。広げた先には、広げた分の仕事がある。

　自分の輪を勝手に広げてくれる人が出現することもある。依頼された仕事で成果を出すと、依頼主が「ここにいい人がいるぞ〜」と宣伝してくれる。自分のファンを作ることは簡単ではないが、こうしたときの輪の広がり方はとても早い。セミナー事業はそれで延びたし、講演活動もこうして依頼が入ってきた。

　仕事を断らないことがいかに重要か。僕にとって思いっきり専門外なのに、サイバーセキュリティに関する相談事や講演依頼が仕事になっている例を取り上げよう。

　医工連携を目指し、株式会社木幡計器製作所の研究員だった頃、仕事終わりに木幡計器製作所に顔を出すと、たまたま中小企業に対するサイバーセキュリティの打ち合わせ中で、同席させてもらった。内容は、サイバーセキュリティは中小企業にこそ大事なんだよというお話。世界基準の技術について学べて、僕にしたらラッキーな時間だった。

しかし、普通に話を聞くだけで終わっていたら、新しい輪は生まれない。僕は、その打ち合わせの場で出会ったサイバーセキュリティの専門家を医療関係者に紹介することにしたのだ。これをきっかけに職能団体のサイバーセキュリティ委員会に招聘《しょうへい》された。そして、この委員会にいるというだけで、講演依頼がきたのだ。ここで「いや、ただの成り行きでここにいるだけなのでお断りします」と依頼を断っていたら、おそらく輪は大きくならず、スキルがない分、小さくなってなくなっていたかもしれない。もちろん仕事であるのだから成果を出さないと依頼してくれた方に合わせる顔がない。僕はサイバーセキュリティのことについて勉強をはじめた。

思い返せば、情報と知識の補完は、社会人になってから繰り返し行われてきたことである。新しい問題や新しいことをやり遂げるために、どのようにしたら良いのか情報を集め、常に勉強し続けてきた。この行いこそ影響力の輪を広げるために必要なことなのだと今更思う。

今日も、ある企業さんとサイバーセキュリティの話になったし、来週はサイバーセキュリティの講演依頼が控えている。月末にも一件、この関連でシンポジストとなっている。知った風な顔をしてプレゼンテーションしているが、まだまだ知識不足だ（周囲にはそう見えないみたいだけど……）。

求められるレベルが高くなって来ると、それに応じるために自分も向上しなければならない。しかし、それがまた次の仕事を呼んでくれる。仕事を依頼されるごとに話が広がる。サイバーセキュリティの輪の広がりは、どこかでまた違う輪と重なり合い、新しい影響力がついていくことになる。

また影響力の輪の内側から外を見るとき、「こうなったらいいいな」という夢や希望が具現化する直前であるため、手を伸ばしはじめるのは実は簡単だ。そのモノゴトに関する本を手に取ってみるだけでもいい。それだけで輪は広がりはじめる。そうやって影響力の輪の外にあるものに、手を伸ばしては掴み、またその先に見えたものに手を伸ばしては掴んで広げていくのだ。仕事を断らないことで、自分の影響力は無限に広がり続ける。

スタートダッシュと同じくらい大切なのは「事前準備」

夢は大抵、影響力の輪の外に存在する。だから輪を広げて取り込むか、夢自体を出発点として新たな輪を作るかしかない。

①影響力の輪を広げて取り込むパターン

どの方向に広げたら効率良く取り込めるかを考える。それには、やはり自分の影響力の輪がどのように構成されているのか把握しなければならない。そして夢がどこにあるのかもしっかり見定めておかなければならない。スタートを切る方向を間違わないようにするためだ。

②夢を新たな出発点として輪を作っていくパターン

他力本願が全く通じない方法である。影響力の輪の外にあるモノゴトは、初めは誰も関与してくれないからだ。全て自分の力のみでスタートを切らなければならないが、新しいことしか待ち受けていないため、一番楽しい。しかもその界隈にいる人を見つけたらこっちのもの。プレゼンテーションに共感してくれたら一気に輪が広がる。経験上、新しい人たちとの出会いや新しい情報に刺激を受けてキラキラした心は、精神的に無敵になれる。

僕が事業で応援している人たちは、②が多いかもしれない。今までの経験を生かして何かをはじめるというより、自分にとって全く新しいことで夢を描く。それは小さい頃に「大きくなったら○○になりたい」という感覚に非常に近く、コトの発端が純粋な分、伝わりやすい。

夢を描くことが、叶えるための事前準備であるならば、まずその夢はどちらのパターンか把握しておいた方が良い。自分の影響力の輪を把握しておくことは、周りに頼るのか頼らないのかの線引きにもなるし、何からはじめないといけないのかを決める材料にもなる。

10代20代は準備なしに、いきなり走りはじめるのも悪くない。そもそも影響力の輪が育っていない状況下で、どこに向かって手を伸ばしたらいいのかもわからないだろう。遠回りすることなんてザラにあるし、その遠回りが影響力の輪を広げてくれることだってある。ただ遠回りすることで、志半ばに夢を諦めることにならないようにするために計画は十分に練るべきだ。夢にチャレンジすることが目的みたいに話す人がいるけど、夢は叶えてなんぼなんだから、そこんとこよろしくお願いしたい。

夢をプレゼンテーションするときには、コトの発端が重要となる。①は経験を生かして、経験の中で生まれた夢に熱い魂を。②は純粋な「やりたい、なりたい」にキラキラした光を。

どちらにせよ、プレゼンテーションすることで影響力の輪が広がることを忘れないでほしい。夢を叶えるための準備は、プレゼンテーションの準備ではないだろうか。っていうか、その準備期間が楽しいんだな。

「目標達成表」を作ってみよう！

野球選手の大谷翔平選手は有名すぎて、野球のことを全く知らない僕でも「オータニサーン」とアメリカ人の解説者がテレビ中継で連呼しているのが脳内再生される。

さて、なぜここにきて大谷選手の話かというと、夢の実現に向けてマンダラートという表を使ったというのだ。高校１年生の時に掲げた夢が「ドラフト１位、８球団」だった。そのためには何をしなければならないのかをマンダラートで整理している（「運」が必要と書いた枠を見てほしい。普通そんなん書く?）。

マンダラートでは、まず夢を中央に記入し、これを叶えるために必要なことを8個考える。これだけでも影響力の輪は広がるのは一目瞭然。ただマンダラートの場合、この8個それぞれのモノゴトを叶えるため、さらに必要なことを各8個考える。つまり夢を叶えるために必要な要素が72個も生まれるのだ。これは夢を叶えるとは、どういうことなのかを具体的に教えてくれる。

角度をつける	上からボールを叩く	リストを強化
力まない	キレ	下半身主導
ボールを前でリリース	回転数をアップ	可動域

軸で回る	下股の強化	体重増加
体幹強化	スピード160km/h	肩周りの強化
可動域	ライナーキャッチボール	ピッチングを増やす

カウントボールを増やす	フォーク完成	スライダーのキレ
遅く落差のあるカーブ	変化球	左打者への決め球
ストレートと同じフォームで投げる	ストライクからボールに投げる	奥行きをイメージ

体のケア	サプリメントを飲む	FSQ90kg
柔軟性	体づくり	RSQ130kg
スタミナ	可動域	食事・夜7杯朝3杯

インステップ改善	体幹強化	軸をブラさない
リリースポイントの安定	コントロール	不安をなくす
下股の強化	体を開かない	メンタルコントロールをする

はっきりした目標、目的を持つ	一喜一憂しない	頭は冷静に心は熱く
ピンチに強い	メンタル	雰囲気に流されない
波を作らない	勝利への執念	仲間を思いやる心

体づくり	コントロール	キレ
メンタル	ドラ1 8球団	スピード160km/h
人間性	運	変化球

感性	愛される人間	計画性
思いやり	人間性	感謝
礼儀	信頼される人間	継続力

あいさつ	ゴミ拾い	部屋そうじ
道具を大切に使う	運	審判さんへの態度
プラス思考	応援される人間になる	本を読む

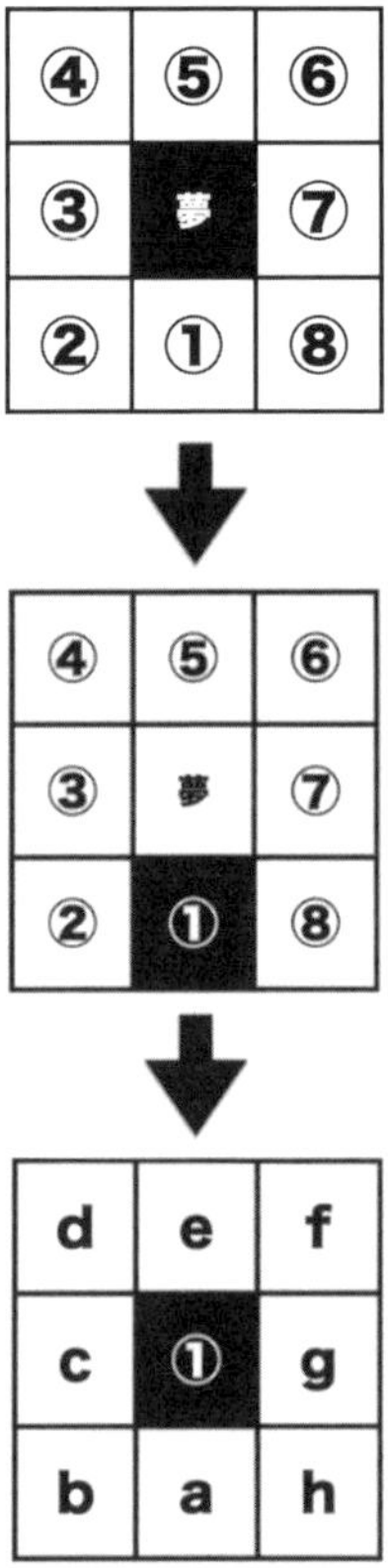

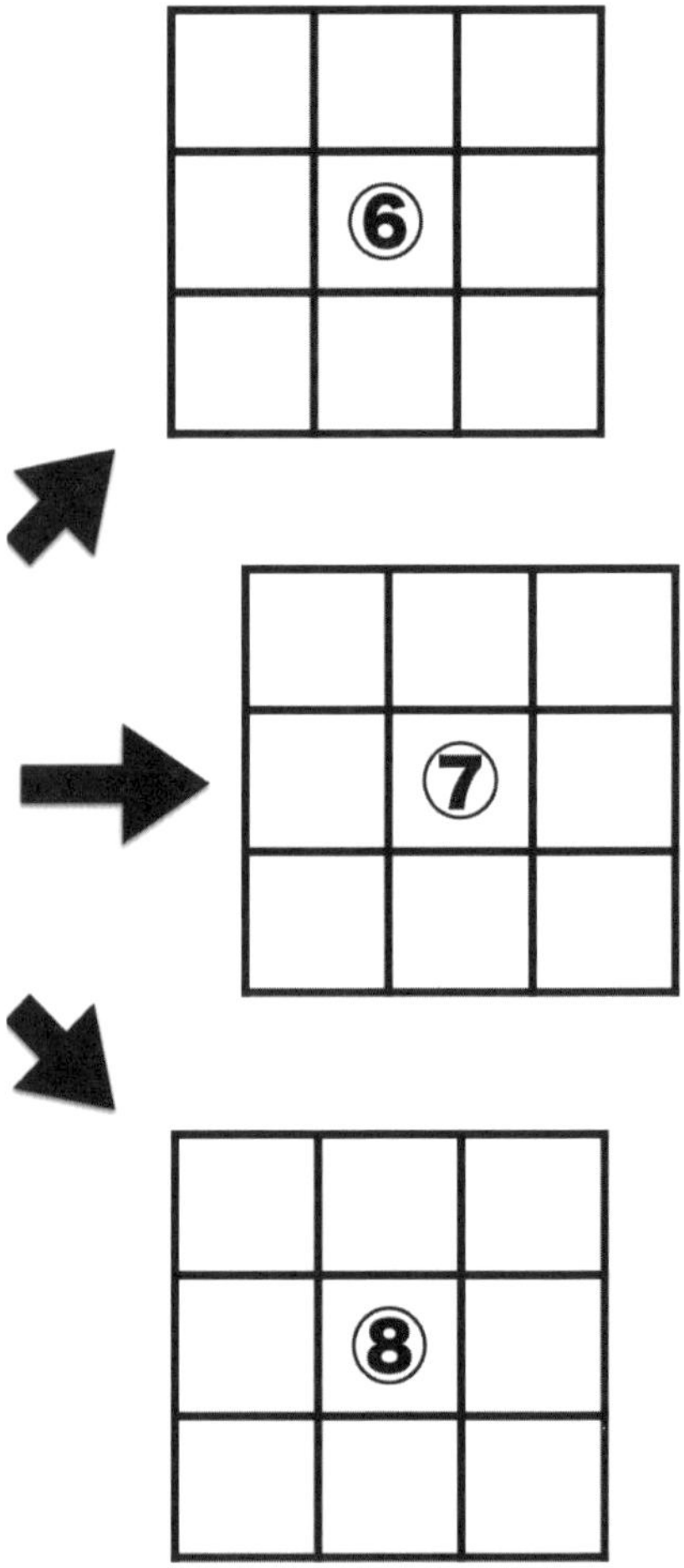

作り方

1. 夢を書く

2. 夢を叶えるためにすべき事を思いついた順に①〜⑧まで埋める

3. ①〜⑧を中心に展開する。

4. まず①を細分化していく。
   思いついた順にa〜hまで埋める。

5. ②〜⑧も同様に細分化して埋めていく。

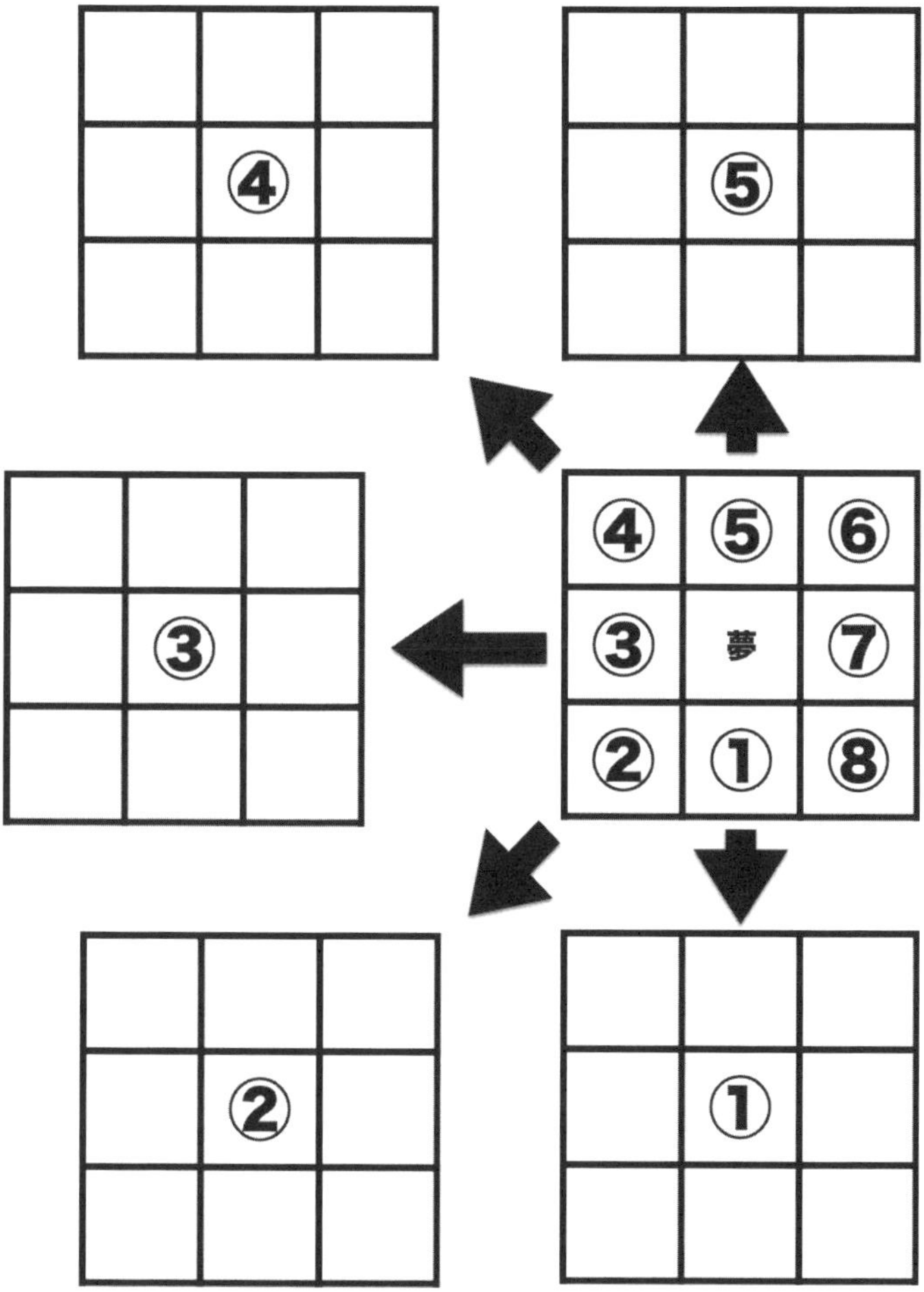
④
⑤
③
④
⑤
⑥
③
夢
⑦
②
①
⑧
②
①

夢を叶える方法、これすなわち、影響力の輪を広げることにあり

と書いてきたが、マンダラートを使えば「影響力の輪を広げる」という抽象的な表現が、一気に具体化する。夢の実現だけでなく、マンダラートは勉強にも使えるし、セミナーを作るときにも使えるし、アイデア出しのときにも使えるのだ。具体的に細分化されている分、一つひとつのモノゴトを理解しやすく、実行可能なところまで落とし込めている。「やってみたらできた」が少しずつ積み重なっていく。小さなこの積み重ねこそが、影響力の輪の源であり、実績や成果へつながる。

マンダラートを使って夢をデザインする

白紙のマンダラートを用意したのでぜひ使ってほしい。今、夢がある人はそれをマンダラートのど真ん中に書いて。まだ見つかっていない人は、子どもの頃になりたかった夢を書いてみよう。

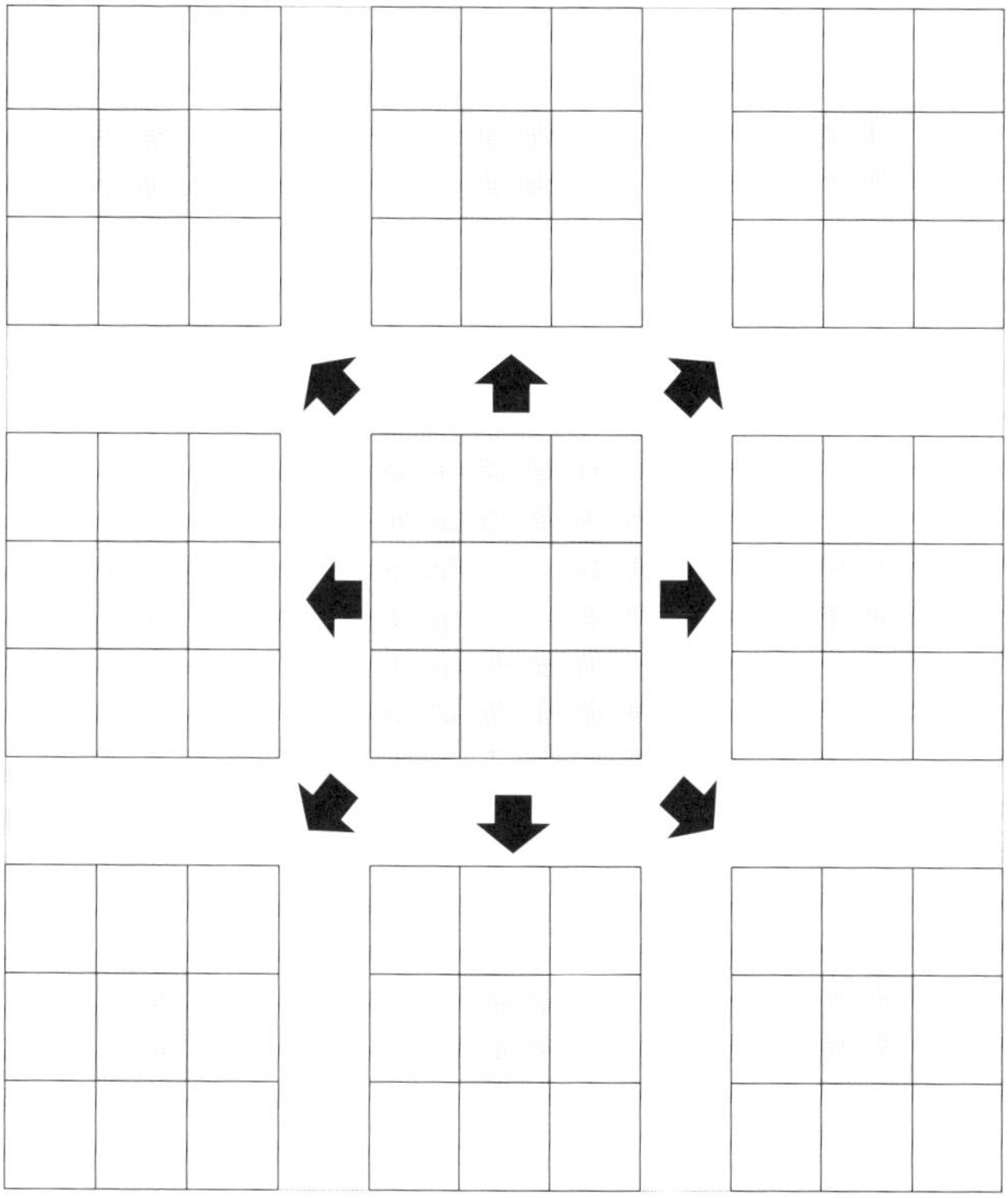

それでは、今まさに、夢を叶えようとしている僕のマンダラートをみてほしい。

家でしか書かない	無理はしない	編集者さんは絶対
セミナー文字起こし	執筆	家族に説明
ちゃんと寝る	できるだけ早く終わらせる	やりたいことは後回し

睡眠時間確保	なるべく朝	3h/day
捻出はしなくていい	時間	毎日
追われない	空き時間は無駄にしない	夜中執筆禁止

執筆最短で	なるはや	相談
仕事辞めてからスタート	時期	来年中に出す
来年には出す	今年中に決めたい	会社が軌道に乗る前

クラファン	セミナーお土産	手売り
ネット販売	売り方	まとめ売り
アマゾン	書店	サイン本

貯めておく	できれば出したくない	交渉はする
ある程度覚悟しておく	費用	融資はなし
会社経費	安い方がいい	一括払い

企画書は持っていく	スピード重視	優しそうな人
プレゼン聞いてくれるところ	出版社	医療系は嫌だ
企画書読んでくれるところ	紹介してもらう	出会った順に

売り方	費用	執筆
出版社	**出版**	時間
方法	内容	時期

出版セミナー	企画書	プレゼン
業界人を紹介してもらう	方法	ブログ?
商業出版	自費出版	セミナー文字起こし

人生100年時代	影響力の輪	居酒屋
仕事面白くない人	内容	職歴
夢叶えたい	プレゼン	社会学

真ん中に「出版」という夢を書いた。今書いている本を出版することが昨年の夢だった。この周りに8個の必要なことを書いてある。書籍の「内容」8つは、実際にこの本に書いたこととブレていない。この構想ありきで出版のステップへ進んだためだ。「方法」に「業界人を紹介してもらう」と書いてある。僕の影響力の輪の中に「本」とつながる人が数人いたのだ。そのうちの一人に出版セミナーを紹介してもらい、すぐに申し込んだ。企画書の書き方を習ったその場で、企画書を作成、プレゼンテーションさせてもらえるセミナーは、さらにエージェントの添削付だった。今思えば、出版企画書なんて初めてのことだらけだったがその時は変な自信があった。書きたいことは決まっていたし、それをプレゼンテーションするなんて本業の範疇《はんちゅう》だったからだ。僕が出版をするという夢は、影響力の輪を広げて取り込んだものなのだ。

餅は餅屋、できないことは人にお願いする

夢に向かって走りはじめるとたくさんの新しいことが待っている。そしてわからな

いことだらけだ。何をやっていけばいいのかわからなくなり、歩みが止まる。だからマンダラートを使って夢を具体化していく。何をすればいいのかわかるし、苦手なところ、わからないところも浮き彫りになる。

インターネットには答えが書いてある。皆が持っているスマホは、人生100年時代というサバイバルゲームを生き抜くための知恵や情報を教えてくれるハイパー便利なグッズだ。インターネットで仕入れる情報が全て正解ではないため、取捨選択は必要だが、それでも全く知らない「0」からスタートするのにこれほど便利なものはない。この「調べる」という当たり前の行為の積み重ねが理解を深め、歩みを進めてくれるのは間違いない。

ただし、「知っている」のと「できる」の差は大きい。わからなかったことを知り、サポートしてもらうためには、できる人に会わないといけない。そこでこのことわざ。

「餅は餅屋」

餅は餅屋のついたものが一番美味い。「時間をかけて餅をつくのは大変なので、餅屋さんに頼んだ方が早いし、時間の節約にもなる。しかも美味しい」という意味だ。何事においても、それぞれの専門家にまかせるのが一番良いという例えだ。

わからないなら専門家に聞く。教えてもらう。できるまで助けてもらう。

マンダラートは行動を示してくれる。自分でできること、教えてもらうこと、調べること、さまざまなシチュエーションに細かく対応できるように細分化されているはずだ。

人と会う、教えてもらう、習得する、これらを一連の流れのように捉えるのが一般的かもしれない。しかしそれらをよく見るとパートに分かれている。細分化されたモノゴトを一つずつ片付けていくことで、夢に近づけるのだ。

初めてのことが難しいのは、百も承知。みんな最初は誰だって初心者。だから難しいからといって諦めたらいけない。

マンダラートに書いたことを、実行していく過程で必ず人と出会う。これが影響力の輪を広げることになる。

「コトの発端はこんなことで、こうしたことを考え、だからこんなことをしようとしているんです」

何回も何回も同じことをいろんな人に説明していくことになる。考えなくても言葉が勝手に出てくるくらいプレゼンテーションをする。10人、100人に話をして一人でも振り向いてくれたら嬉しいよね。こうやってチームができていく。0から夢を作り上げるとそんな過程も楽しめる。

踏み出す準備はできた？　さあ、最終チェック！

□僕らが生きていく時代背景はわかった。
□プレゼンの本質は理解した。
□夢を語った。
□影響力の輪を把握した。
□マンダラートを書いて行動を具体化した。

夢に向かって踏み出す準備はできただろうか。

人と違ったことをするだけで批判したり、バカにしたりする奴が必ず出てくる。そんなやつ無視無視。付き合うだけ時間の無駄である。今、一歩目を踏み出そうとしているあなたがナンバーワンにかっこいい。

人生100年時代は未知数であるが故、誰もが想像でしか対策ができない。ただ健康寿命は伸びているのだ。寿命が伸びた分、生きなくてはならない。そして少子高齢化の先に待つ人口減少。僕たちは、将来の自分をどうやって支えてあげれば良いのか考える必要がある。政府の仕事ではない。自分の仕事である。だからこそ間違いなく「個」が尊重されていく。価値観は多様化する。だからみんなと一緒でなくてもいいのだ。

夢をプレゼンテーションしていくと協力者も少数だが出てくる。全員に振り向いてもらおうとしなくていい。一人にでも届けばいい。最初は誰だって夢は自分だけのものである。チームはあとからついてくる。自分がプレゼンテーションする「夢を叶えたい」は、イコール「賛同して、協力してほしい」と言っているようなものであることを忘れてはいけない。

夢はまず誰かに話すことからはじまる。その出発点が、居酒屋だっていいのだ。むしろお酒の席で盛り上がったときにふと口にする夢。それは間違いなく夢であり、「他愛もない会話」で終わってしまってはもったいない。夢があり、それを踏み出すきっかけがそこにあるから。だから僕は「居酒屋プレゼン」とタイトルに書いた。喫茶プレゼンでも井戸端プレゼンでもなんでもいいのだ。簡単に夢を捨てないでほしい。

影響力の輪を把握することとは、今、自分になにができるのか、周りに自分をどれだけ知ってもらえているのかが指標になる。これまで出会ってきた人。今までやってきたこと。仕事にまつわる精一杯の自分の軌跡だ。仕事は影響力の輪の中に存在しているものしか頼まれない。それがわかっていれば、その輪を広げていくことに何も疑問を持たないはずだ。どうやって広げていくのか。プレゼンテーションでしょ。そうやって夢からできた影響力の輪を広げていくのだ。

夢を叶えるために何をしたらいいかは、マンダラートを書いたら一目瞭然だ。面倒でも書いてほしい。２時間はかかるだろう。でもたった2時間で夢を叶えるための行動指針が具体化される。自分でできること。自分一人ではできないこと。誰かに頼った方が早いこと。教えてもらった方がいいこと。全てがこの紙一枚に集約されているのだ。

皆、一人ひとり、天から授かった役割がある。僕はいつだって皆の背中を押す。それが僕の役割だと気づいたから、この本を書いている。

「Assisted with the goal」会社のコンテンツ名にもその想いを込めている。

第5章

「居酒屋プレゼン」から はじまる新たな世界

夢を叶える準備を、これまで伝えてきた。あとは実践だ。まずは知人友人と楽しく話せる時間を作ろう。そこで自分の想いを言葉にしてみよう。何もなければ、誰かのふと話した夢を「いいね、それ、やろうよ！」と背中を押してあげよう！

もう後は楽しい時間しかない。さあ、今からはじめよう。

思い立ったが吉日という言葉の真意

「吉日」というのは、縁起が良い日という意味がある。例えば、大安や一粒万倍日などが吉日と言われている。

「吉」という漢字の「口」は「くち」ではなく、元は祝詞《のりと》という神様への願いごとを書いた祈りの文を入れる器を表した。その上にある「士」は、小さな刃物の刃を下に向けた形を表している。この刃物を器の上に置き、人々の願いが叶うよう守った、という成り立ちだ。ここから「吉」という字は「めでたい、良い」という意味で使われるようになった。

そんな大昔の人々にも、願いがあり、叶えたいという思いがあったわけだ。彼らはその思いを言葉にして、神に祈り、実現するよう刀を置いた。その時代なりの方法で行動に移していた。

「思い立ったが吉日」

「何かしようと思ったその時こそ吉日だと思ってすぐやりなさい」という意味のことわざだ。誰にでも「ココ！」というタイミングはある。吉日という響きは縁起が良さそうだし、なんかうまくいく気がする。ことわざの意図は「後回しにしないで今できることはしておきなさい」という教訓。しかし、わかってはいても人はなかなかすぐには動くことができない。否、動けないのだ。

「まずやってみる」と、言葉にするのは簡単な一言だが、実際には難しい。置かれている立場や環境が許されないのかもしれない。カレンダー上では吉日でないかもしれない。動けない理由は人それぞれだ。「まずやってみることが大事なんですよ」と軽く言ってしまえる人は行動力のある少数派で、一歩を踏み出せない（出さない）人の方が多い印象がある。

やりたいことをやろうとするとき、そこには重さ、形状が異なるそれぞれの足かせがある。しかし、「思い立ったが吉日」。そんな足かせを外す鍵を手に入れるには、やはりまず一歩踏み出す他ないのだ。そこに共通の鍵がある。

「思い立ったが吉日なら、その日以降はすべて凶日」

（『トリコ』　1巻　島袋光年　集英社）

『トリコ』という漫画で主人公が放った言葉だ。つまり、やるって思い立った日しかないのだ。何かをしようと思ったとき、そこで動かなければ、それ以降、動くことはまずない。そしてチャンスを逃しても、戻ることなどできず、後悔する。まさに思い立った日以降は、夢を叶える機会を失った凶日なのだ。

極論すぎる？

いや、これって潔くないか？

だって、明日とか今週中とか、この仕事が一段落したらとか、余計な事考えなくていい。もう一択じゃないか！　なんてシンプルなんだ！　（漫画の名言ってホントに好き）。例えば、願いごとは今日以外叶わない、けれど今日だけは願いのためなら何をしてもいい、今日動けば叶う、と言われたらどうする？

動くだろう？

「その日以外はすべて凶日」とは、解放の言葉だ。さまざまな足かせを外す鍵がそこにある。ほんの少しでも何かできれば、実は足かせの鍵は自分でかけていたって気づくはずだ。

鍵はきっと君が持っている。さあ、どうする？

僕は、今まで思いついたことはすぐ行動に移してきた。「あ、もう起業しちゃお」と思った日に法務局へ出す書類を作成し、社印と名刺まで発注してしまった。「経営よくわかんね〜」と思った日には、地元の商工会に「あの〜最近起業したんすけど〜教えてほしいことあって〜」と電話した。今では商工会にある部会の役員だ。そのつながりから仕事をもらったこともある。もちろん行動したものの未だ成果につながっていないこともある。しかし思い立った日に動いたことで、影響力の輪は広がり続けている。この感じが好きだし、いいなと思う。

しかし時折、「あんただからできるんだよ」と言われることもある。「はじめに」でも書いたが、そんなことない。でもわからない人にはわからないのだろうなと、追いかけてまで訂正はしない。「吉日」は今日しかないのに、そんなことを言っている暇はないのだ。

第1章や第2章で言ったように、時代はとうに変わった。だから僕は、足かせを外したい人たちを引っ張ったり、背中を押したりすることにした。いや、それがやりたいと思ったので、夢を叶える人の手伝いができる会社だって設立した。

後はこの本を読んでいる君が、足かせの鍵を外すだけだが……もう一回聞く。さあ、どうする？

居酒屋プレゼンしたら、24時間以内にやること

居酒屋で仲間たちと美味しいもん食べて、美味しいお酒飲んで、すっかり気分良くなったとき、ふと、口にした夢の一つや2つあるだろう。

でも居酒屋を一歩出て、家に帰ると風呂に入り、明日の準備。翌日、出勤すればもう現実。夢は夢で終わってしまう。でも、そんなもんだ。しょせん、ただの夢。叶えばうれしいけど、自分ができるはずない。仕事で忙しいし、お金もないし……。

なーんて、もし、こんなことを繰り返しているようなら、やばいから今すぐやめたほうがいい。「やりたいこととか、夢とか、ないんだよねー」って言ってる方がまだ全然いい。

やってみたいことがあって、「これ本当はやりたい」って言葉にしたにもかかわらず、「どうせ無理」だとなかったことにすると、「僕はできない奴」だと、できない自分をどんどん強化してしまう。負の自己学習と、負の自己暗示をかけて堂々巡り、負のループと同じなのだ。

せっかく、つぶやいた「夢」を、ただのおしゃべりで終わらせてはもったいない。居酒屋プレゼンで人に伝えて、小さな芽が出た。その芽が枯れないうちに水をやって陽に当ててほしい。きっとぐんぐん伸びるはずだ。

では居酒屋を出たら、風呂に入って寝る前に何をすればいいのか。まずはこれだけでいい。

必ず語った夢をメモっておくこと。

紙でもスマホでもなんでもいいからメモを残そう。一言でいい。「○○がやりたい」。僕のスマホのメモの1ページには30を超えるやりたいことが箇条書きで書いてある。思い立った時にはすぐ書くようにしている。そのメモに従って勢いで行動したものもある。ちなみにそれが今の会社だ。この会社がないと残りの20数個の夢が叶えられないと思ったから優先順位が上がっただけで、これはちょっと極端な例かもしれない。

つまりメモに残すことで、ただの戯言にならないようにするのだ。

簡単なことだが、この積み重ねってめちゃめちゃ大事で、自分を知る手段でもある。ハッとアイデアが思いつく瞬間、それは頭の回転とキレが抜群にいい時だ。自分を構成する性格や経験の歯車が全てガチッとハマって、ワクワクする夢が発生する。

けれどそんなときは爆発的な一瞬のヒラメキなので、形として残らないことが多くある。「これこそ自分のしたいことなんだ」と実感できる瞬間を切り取れないでいると、人はすぐ忘れてしまう。だからメモを残してほしい。

しかもそのメモはマンダラートの一番真ん中にくる。そこから72個ものやるべきことが生み出される。たった一言のメモが、出発点となる可能性があるのだ。24時間以内にメモさえしておけば、次の日になってもそれは残るし、「さぁ、やろう」と思い立つ瞬間までその芽は枯れない。

メモは絶対捨てたらいけない。取捨選択なんてしなくていい。夢は一つにしなさいなんてことはない。捨ててしまったらその夢を叶えようとするタイミングは、もうやってこないかもしれない。「メモをする」この行動だけでも影響力の輪の形成がスタートする。

自分から出た夢は、自分のもので、誰にも邪魔する権利なんてない。夢を書き溜めている僕のメモ帳を見たら、「なんてことを書いているんだ！」と皆笑うだろう。でも僕はそのメモ帳を誰かに見せることはない。見せるためのメモではないから。夢をメモする方法に型なんてない。好きにすればいい。ただ文字という形にして残しておけばいい。

1千万円とかいらない。失敗しても痛くない額でスタート（僕は1万円）

これはスモールビジネスを展開していく手法でもあるんだけど、夢を叶えようと思ったら、必要なお金って必ずある。これが行動できない足かせの一つになることもあるが、だからといって、「やらない」という選択肢になるとは思っていない。

何のためにマンダラートを書いたのか。あれは夢を叶えるために必要なことリストだ。その中に必ず、そんなにお金がかからないことってあると思う。例えば、「〇〇に電話をする」とか「〇〇の本を読む」とか。マンダラートをリスト化し、予算という項目を作って少額順にソートをかけるといいかもしれない。一歩目を踏み出すというのは、そういうところからはじめれば、意外とスルスルってモノゴトが進む。

お金の用意の仕方は、人それぞれだろう。貯金を崩したり、何かを我慢して捻出したり。金額も含め、人それぞれ。

僕の場合、過去に「セミナーを開講したい」という夢は、たった1万円で叶えることができた。

セミナーの会場を探すところからはじまった。ピンキリの値段の中で最安値は３５００円／2時間。プロジェクターは１０００円で借りた。あとは交通費。告知はSNSを使って、チケットサイトも無料のものを使用した。20人くらいは来てくれた記憶がある。その売り上げを次のセミナー開催費用にした。１２０回もそれを繰り返した。元々ノートＰＣを持っていたという環境はあるけれど、僕は1万円で夢を叶えることができた。もちろんＰＣを持っていなかったらそれを買うために15万円は必要だったかもしれないけどね。その場合、スタート位置が違うだけ。ＰＣの為にいらない物をオークションに出すとか、貯金をするとかしていただろう。

マンダラートにするべきことを整理していれば、迷いはなくなるはず。

お金に関する足かせがついている場合「失敗しても痛くない額」というのが大事だ。お金は少なからず必要ではあるが、初めから大金を用意することは考えなくてもいい。「夢を叶えるために、小さくても一歩を踏み出すことができた」という成功体験が、次のステップに進める原動力になる。これこそ積み重ねだ。そして進めた一歩が確実に影響力の輪を広げてくれる。これも後から必ず実感できる。「あの時やっといてよかった！」ということが腐るほど出てくる。少額でも、一つひとつの歩みを大切に行動していけば夢が少しずつ形になっていく。お金に対する足かせは、こうやって自分で鍵を外していこう。

夢を叶えるための needs と wants

◎引き寄せられる人たち

踏み出した先に待っているいろんな人との出会い。そこにはその数だけ違う価値観の世界が存在する。人と関わり、多様な価値観に触れ、影響力の輪を広げていく。自ら発せられる夢を叶えようというエネルギーは、とてつもない力を持っている。それは人を引き寄せる力だ。そのエネルギーに引き寄せられて、影響力の輪の中に、外から様々な人が入ってきてくれる。

もちろん自分にとっていい人かもしれないし、搾取しようと近寄ってくる人もいる。ここで引き寄せられてきた人たちを見極めなければならない。いろんなアドバイス、アイデアをくれるかもしれないけれど、正直、どれが正解なんてわからない。

その時の判断材料は、自分の夢にとって必要不可欠なモノゴトなのか（needs）、それとも必要なモノゴトのためにほしいものなのか（wants）という点である。

ビジネスでは、needsとwantsを使う時、自分を対象に使う言葉ではなく、消費者側の視点で語られることが多い。そしてwantsよりもneedsを重んじる傾向にある。自分の夢を叶えるために本当に必要なことは、マンダラートに書いてある。ということは、needsはすでに把握しているはず。しかも72個。すごい数のneedsを達成させなければならない。

◎アドバイスする人からもらうのは一つだけ

夢を叶える過程で、いろんなアドバイスをもらうだろうけど、マンダラートに書いたneedsはブレないでいてほしい。書いてあることが間違いなんてことはない。それは自分の価値観で導き出した進むべき道だ。誰かがその人の価値観でマンダラートを書き換えたら迷子になってしまう。

アドバイスをくれる実績のある人は、自分のやってきたことに自信があるし、それが唯一の成功方法だと勘違いしている人が多い。しかし、その人の性格、育ってきた環境、時代、周りの人間関係、何をとっても自分とは違うのだ。もし参考にしたいのなら、その人がなぜそれをやろうとしたのか**「コトの発端」を聞くだけでいい。**それだけで十分にヒントである。

needsが把握できているなら、それを達成するために自分が喉から手が出るほど欲しいもの、すなわちwantsが重要だ。

元々、影響力の輪の中にあったものは、自分の力で解決できることがある。必要になってくるのは、おそらく影響の輪の外にあるものだろう。

ただ心配しなくても、wantsは夢を叶えようとするエネルギーで引き寄せられる。だから周りからのありがた迷惑な「これはあなたにとってneedsでしょ？　はい、どうぞ！」は、嫌な顔せずに笑顔でお断りすればいい。

「思い込みに気づいていないこと」に気づかない

◎メディアの一方的な情報の罠

「居酒屋プレゼン」というタイトルで、「居酒屋」という言葉が強すぎて、新型コロナウイルスが蔓延している渦中でそんなの不謹慎だ……といろんな人からツッコミを受けた。居酒屋が「悪」のような捉え方。誰も悪くないのに世間の思考は、「居酒屋＝悪いこと」とバイアスがかかった。みんな行きたいのを我慢しているのにって。バイアスとは、考えに偏りをかけること、要は思い込みだ。

特にテレビのワイドショーは、バイアスをかけることに長けている。表現を誇張し、不安を煽るのが得意だ。「新型コロナウイルス感染者数○○人！」「医療崩壊！」いろんな煽り文句が飛び交う。その方が視聴者の反応がいいからだ。

「トイレットペーパーを買うためにスーパーに行列！」なんてみると、「なくなる前に買いに行かなきゃ」と思ってしまう。バイアスをかけられた人たち（かけた人たち）により、一時期トイレットペーパーが買えなくなった。

人は「みんなの利益」より「自分の利益」を優先してしまう。もちろん「自分の利益が一番大切です」なんて誰も胸を張って言えない。「人間てそんなもんだよな」って思う瞬間が、こんな買い占め行動を見たときだ。その人の有利になる情報、不利になる情報はバイアスをかけやすいし、かかりやすいのだ。

◎夢に進むときほど、かかりやすい思い込みに注意

夢を叶えようと進む先で必ず情報収集をする。マンダラートにも１マスくらいは必ず入っているはずだ。情報収集をするとき、自分に都合のいい情報に引っ張られるものだ。前述のメディアのように、望んでいる情報をあえて与えるという罠が至る所に仕組まれていて、「やっぱりね、そう思ってた」という情報にたどり着くようになっている。

特に対立するものこそ、ただの思い込みである可能性を秘めている。「大きい」と感じること、「小さい」と感じること。例えば得られる利益が「大きい」か「小さい」か。その判断は、それぞれの意見にバイアスがかかった状態であると認識することだ。

頭の中にある直感、習慣、主義主張は、これまでかかってきたバイアスの集大成であり、小学校で習った道徳も大人になった今ではバイアスでしかない。

新しい夢に向かって歩み出したら、影響力の輪の外は、知らないことだらけ。でも**「知らない」「わからない」はバイアスがかかっていない一番良い状態。**知らないという状態のまま、「自分に起こる事実」を情報として補完してほしい。習慣、主義主張、道徳など過去や他人の価値観を判断材料にしないこと。

そしてマンダラートと照らし合わせて歩みを進めよう。バイアスは楽観を生み、ひねくれた感情で夢の邪魔をする。必要なのは、事実とマンダラートに書いたやるべきこと。それだけで進めばいいのだ。

実例！　居酒屋プレゼン！

居酒屋プレゼンとは、居酒屋でワイワイしながら夢や希望を語ることが、実はすでに「プレゼン」なんだよね、という意図を込めた造語です。たまたま僕の場合、居酒屋が多かっただけで、場所やシチュエーションはその限りではない。

◎貝を磨く阿部君の場合

今、ナンバーワンにうらやましいのが阿部くん。

「石田くん、若いのが悩んでるから紹介するわ～」先輩から夜遅くに電話がかかってきて、ベロベロに酔っ払った阿部くんに絡まれたのをよく覚えている。そんな彼が、今では仕事の悩みを解消し、働きながらやりたいことを実践している。すごーく生き方がうらやましい。

彼と飲んでいるとき「俺、貝磨くのが好きなんすよ～。夜光貝、知ってます？」からはじまった。何の話やと。貝を磨いたこともないし、夜光貝という名前も初めて聞いた。

「へ～。ふ～ん。変な趣味持ってんな～」と反応するくらい。

まぁ、普通ならここで終わる話。興味が湧いたなら、一緒に貝を磨くことになっていたぐらいだろうか。湧かなかったけど。

何か雰囲気が違うと言えば、目がキラキラしすぎている。貝を持って眺める振りをしながら、そこにはない貝をうっとり見ている。そんな仕草をしながら永遠、貝を語る。

まさか眺めるだけじゃないだろうと思って、「その貝をどうするの?」と聞いた。するといつかは革の財布を自分で作って、デザインとしてその貝を散りばめたいというではないか。「んじゃ、革製品作ったらいいやん」と軽く背中を押してみた。でも「やってみたいっすね～」から話が進まない。まぁ、想定内。

居酒屋で酒飲みながら、愚痴言って、好きなことで盛り上がって、夢の話をして、ひとしきり飲んだ後は、次の日に備えて「お疲れっした～」で終わりではないのだ。

居酒屋プレゼンは、相手に叶えたい夢を伝えること。そして「夢叶えます」と宣言するところまでを言う。阿部くんの「やってみたいっすね～」を、僕はプレゼンと捉えた。

「もう夢がすぐそこにあるじゃないか。もう一歩踏み込んでほしい」そう思った僕は、阿部くんの初めてのお客さんになることを決意した。

「いくらでもいいから財布作ってよ。買うわ」

その言葉から彼の思考は、一気に革職人になった。


頭の中で革の素材を選定しはじめた。ブツブツ言っているがよくわからない。でも「やらせてください」という回答は速かった。

彼はマンダラートを書いたわけではないが、すべきことが整理されていた。革職人に会い、革の問屋にいき、道具を揃えて、試行錯誤していざ本番を迎えたようだ。手縫いで18時間、休憩なしで一心不乱に財布を作ってくれた。

彼は夢を叶えたのだ。僕は、彼が作った初めての革製品を購入し、ボロボロになるまで使い倒した。

後日、「LUANA」とブランド名を決め、個人事業主となり、何十万もする革専用のミシンも買った。そして僕が今使っている財布は、LUANAから買った2個目の財布だ。

◎看護師佐藤さんの「子ども食堂」の場合

居酒屋ではなかったが、夢を発言するという行為が子どもたちの未来を作ることだってある。

「子ども食堂を開きたい」と、看護師の佐藤さんから電話がかかってきた。佐藤さんは、透析クリニックの看護師さん。以前、彼が運営する、災害対策の講演会に講師として呼んでもらったのがきっかけで、お友達になった人だ。

電話では詳しく話ができなかったが、佐藤さんのその夢が深く刺さっていた。それは僕も、子どもに対する支援を個人的に勉強していたからだ。僕が勉強していたのは、未成年の自殺に関するものだ。それとリンクするかは、その時まだわからなかったが、子どもへの支援という共通点があった。2か月経って、話は急に動き出す。

何度かミーティングを重ね、クラウドファンディングで運転資金を獲得し夢を叶える準備は整った。今では、NPO法人の設立を目指し、より永く子どもたちの支援ができるように看護師をしながら、子ども食堂の運営をしている。よくテレビ番組で取り上げられるような貧困層への支援というだけではなく、家庭や学校以外の大人たち（佐藤さんや支援者）との関わりを通して学ぶことができる場所を作り、純粋な子どもたちの心を育んでいる。

もしあの時、佐藤さんが夢を語っていなかったら、僕は関わることがなかったかもしれない。「子ども食堂を開きたい」と言葉にして届けたことが全てのはじまりとなっている。

阿部くんも、佐藤さんも「君がいたからこそできた」と言ってくれるが、貴重な経験をさせてもらっているのは僕の方だ。

こうやってそばで見ていて言えることは、人が想いや願いを叶えようとするとき、そこには周りを引き込むエネルギーが生まれるってことだ。僕も、彼らの夢のエネルギーに引き寄せられた一人だしね。もっと言えば引き込まれた方も、彼らと同じようにテンションが上がるのだ。僕が人の夢を応援するのはこのワクワク感を何度も体感できるからかもしれない。この人を巻き込むパワーって、これからの時代に必要なことじゃないか？

だからぜひ、居酒屋プレゼンは夢を語るだけにとどまらず、「その夢叶えます」と宣言までしてほしい。その言葉と熱量が、周りに伝染するから。

居酒屋で話したあの夢は、誰でも現実になる

夢を叶えるためのサクセスストーリーは、居酒屋プレゼンで語ったその瞬間から用意されている。自分で「こうする」と決めるだけでいい。自信がなかったり、迷ったりすれば、マンダラートを何回でも見たらいい。そこには進むべき道が書かれているはずだ。書いた時点で、すでに道を作っている。だから自信を持っていい。自分の選択は、間違いなんてことはない。

もう不可能だなんてことは言わないようにしよう。多様な価値観に触れていく中で、自分の価値観が狭い範囲のモノゴトだったことに気づく。同時に、夢を阻む者、壁、

あらゆる障害だと感じていたものも、案外そうでもないと思えてくる。そうなったら「まずやってみる」なんて考えずとも、もう既にやっているはずだ。

この教えは、映画「スターウォーズ」のマスター・ヨーダから学んだ。

「No. Try not. Do. Or do not. There is no try.」

訳すると、やってみるはダメだ。やるかやらないかだ。

「やってみる」というのは失敗した時の保険をかけているのだ。「やってみる」と「やる」それぞれ声に出してみればわかる。脳は声に反応するから「やる」と言ったときに、身体の中で熱量が生まれるのがわかるはずだ。びびらなくていい、言葉にしよう。「夢叶えます！」って居酒屋プレゼンしてしまえー。そうしたら、誰でも夢を現実にすることができる。

その内容は、死ぬまで捨てないでほしい。いつタイミングが来るかなんて誰もわからないんだから。

おわりに

遺書

　というほどのものではないが、親父が50歳で死んだので、自分もあと10年くらいかと思う。なんかそんな気がする。ちゃんと父ちゃんができていただろうか。とか言いながら100年時代を謳歌していたら笑っておこう。心臓が良くないらしい。ストレスか、過労か、不摂生か。全部だと思う。死ぬのが怖いので、この本を書き終えたら、真面目に運動しようと思う。

　妻には大変な心配をかけている。母親にも心配をかけている。この場を借りて、ありがとうより「ごめんなさい」を言いたい。僕の親父が死んだときは、悲し過ぎて6年くらい手を合わせることができなかった。息子たちには父ちゃんが死んでも悲しくならないようにしておきたいが、良い案が思い浮かばない。職場を病院に移してからは、親父にしてやれなかった色んな後悔を振り払うかのように、患者さんのために一生懸命やったつもりだ。一生懸命になり過ぎてスタッフと衝突したこともあったが、まだ若かったし視野も狭かったなと思う。僕と出会った患者さんたちは、少しでも楽になれただろうか。そんなことをたまに思い出す。

僕は、意外と薄情なやつなので、家族のために仕事をしてきたわけではなかった。そろそろ死ぬまで家族のことを考えながら仕事ができたらと思う。

妻の誌織さんは、無理しないでアキトを頼ってください。そんなアキトは、かあちゃんの言うことを聞いてほしいし、ソウタの面倒をちゃんと見てほしい。ソウタは、かあちゃんを助けながら、好きなことだけしたら良いと思う。オカンへは、先逝ったらごめ～ん。

苦しいのは嫌いなので、どうせなら思いっきりスカッと死なせてやってください。よろしくお願いします。

謝辞とこれから

遺書書いといて、これからのことを書くのかよ！　とツッコミを入れてくださった方々ありがとうございます。まずは謝辞から。

師匠の高木さんをはじめ、その親友の高田さん、みんなの大将・玉利さんには、臨床工学技士時代に目指すべき医療者へ導いていただきました。この3人がいなかったら、臨床工学技士としての石田はありませんでした。いや、まじで（そんなことないよ〜と聞こえてきた）。ありがとうございます。

Medical Presentation Lab. というプレゼンセミナーを一緒に立ち上げてくれた近藤さん、セミナーを続けるきっかけを常に与えてくれた上村さん、ノンテクニカルスキルのセミナー講師を続けてくれた東さん、いつも嫌な顔ひとつせずにグラレコ手伝ってくれた二瓶さん、何回もセミナーに足を運んでくれた方々がいたから、この本まで来られました。この本は、Medical Presentation Lab. の延長なんです。ここで学んだ集大成として、プレゼンのHow to本じゃないプレゼン本を出したかったんです。変人なので、こういった形になってしまいました。How to本を期待していた皆さん、ごめんなさい。

この本を通して、伝えたかったのは、労働と別のところにやりたいことを持っておいたら、人生100年時代を攻略できるんじゃないか？ということです。副業を重ねて気がつきました。そしてたまたまプレゼンテーションのセミナーをやっていたことで、その学びが全てにおいて生きていて、もしプレゼンテーションを学んでいなかったら、おそらくこんな僕にはなっていなかったと思います。

運よく仕事がもらえて、運よく良い人たちに恵まれて、なんてラッキーなんだと思っていましたが、同じような境遇の人、または全くそうじゃない人を見ていると、プレゼンテーションがうまい人が、なんかうまいことやっているのです。悪い言い方したら、口がうまいというか、自分アピールがすごいというか。プレゼンテーションを学んでから臨床での仕事に拍車がかかり、頑張って続けてきましたが、今では会社を立ち上げて、夢を応援する人になりたいと思って仕事をしています。でもこの会社、実は副業なんですよ。やりたいことは、労働とは別のところに持っておく、まぁ、そういうことです。

なぜHow to本じゃないのかというと、技術も必要だけど、やっぱり本文中に書いたように「コトの発端」が大事すぎると思ったからなんですね。しかもプレゼンテーションのHow to本なんて世の中に腐るほどあるし。あえて僕が書く必要ないと思いました。でもプレゼンテーションが大事なのは伝えたい。しかも夢を叶える一番最初にすることって何かなって考えたら、プレゼンテーションなんだよね。それってどこだろ

う と考えたら居酒屋。で、居酒屋プレゼンってタイトルになりました。タイトルこそ企画書から変わったけど、内容は企画書通り。ブレないで書けたことは僕にとって振り返りにもなり、自信にもなりました。

僕は、縁を頼りに臨床現場を離れて、株式会社木幡計器製作所という大阪の町工場にいます。その傍ら、自分の会社を経営しながら、その会社のデスクで本を書いています。他にも政治団体や職能団体のお手伝いしています。こんな過ごし方が当たり前になりつつある僕の視点から見た未来は、何足のワラジを履いているのかなんていちいち数えなくてもいい時代が来ると思います。

こんな変な臨床工学技士の話を聞いてみたい人がいたら呼んでください。この本をお土産に持って伺います。

ご協力してくれた関係者の皆様、本当にありがとうございました。

石田幸広

石田幸広

臨床工学技士／株式会社木幡計器製作所 取締役／石田プロダクツ合同会社代表社員／日本臨床工学技士連盟 事務局長／大阪府済生会泉尾病院 非常勤臨床工学技士

京都府生まれ。臨床工学技士として医療機関で働きながら、2015 年 Medical Presentation Lab. を設立。医療介護業界を中心にプレゼンテーションをはじめ、セミナーを企画運営する。2019 年、夢を叶えたい人を応援するため石田プロダクツ合同会社を設立。2021 年、臨床現場の経験をもとに医療機器開発にたずさわり、株式会社木幡計器製作所の取締役に就任する。全国的にも珍しい、町工場から医工連携を進める臨床工学技士として、新しい取り組みに挑戦中。広島国際大学保健医療学部臨床工学科卒業、臨床工学技士取得。

その他活動

公益社団法人日本臨床工学技士会
サイバーセキュリティ対策検討委員会、領域拡大委員会
一般社団法人大阪府臨床工学技士会　災害対策推進委員会
JHAT（日本災害時透析医療協働支援チーム）事務局
一般社団法人大阪府訪問看護ステーション協会　災害対策検討委員会
大阪市大正区　大正区区政会議
大阪府災害医療コーディネーター
招聘講演・学会発表多数

株式会社木幡計器製作所
https://kobata.co.jp/

石田プロダクツ合同会社
https://www.assigo.biz/

居酒屋《いざかや》プレゼンしたら夢《ゆめ》が叶《かな》った件《けん》

2021年8月20日　初版第1刷

著　者　石田幸広《いしだゆきひろ》

発行人　松崎義行

発　行　みらいパブリッシング

〒166-0003 東京都杉並区高円寺南4-26-12 福丸ビル6階
TEL 03-5913-8611　FAX 03-5913-8011
https://miraipub.jp　MAIL info@miraipub.jp

企画協力　Jディスカヴァー

編　集　とうのあつこ

ブックデザイン　洪十六

発　売　星雲社（共同出版社・流通責任出版社）

〒112-0005 東京都文京区水道1-3-30
TEL 03-3868-3275　FAX 03-3868-6588

印刷・製本　株式会社上野印刷所

ISBN978-4-434-29337-5 C0095